2010

Edition Delius

FRANÇOISE DE MAULDE

Maritimes Ambiente

WOHNEN WIE AM MEER

Fotos: Maisons Côté Ouest

DELIUS KLASING VERLAG

Inhalt

Das andere Ufer

Wer niemals das freie, offene Meer gesehen hat,
diese Wellenberge, wie sie rollen und branden,
unterbrochen nur von den Tälern,
die sich von einer Sekunde zur nächsten verschieben,
sich ohne Unterlass wieder füllen und neu formieren,
der ahnt nichts von dem Geheimnis,
weiß nichts von der mysteriösen, gefährlichen,
grauenhaften und zugleich wunderbaren Kraft der Fluten.

Guy de Maupassant

Seit jeher träumt der Mensch davon, was sich wohl »hinter« dem Wasser – auf der anderen Seite – verbergen mag. Um dies auszukundschaften, entwickelte er eine ganze Reihe von Instrumenten, die es ihm ermöglichten, mit den Sternen zu sprechen, den Meeresgrund abzuhorchen, ferne Inseln wieder zu finden, die Zeit des Jetzt zu bestimmen und die vergangene Zeit zu berechnen. Nachdem man zunächst Boote baute, die die Küsten entlangfuhren, ersann man bald Schiffe, mit denen man sich weiter hinauswagen konnte. Es kam der Tag, an dem alle Kontinente entdeckt und benannt waren. Man segelte von einem Ozean in den nächsten, immer weiter, um die ganze Welt, und entdeckte, dass die Erde rund war. Mit den Passagierschiffen versuchte man gar, das Leben an Land mit hinaus auf See zu nehmen. Und der Mensch erfand den Yachtsport – die Seefahrt zum Vergnügen. Denn Machthunger und Leistungsstreben reichten nicht aus, um die unternommenen Anstrengungen, die Risiken und die verprassten Ersparnisse zu rechtfertigen, die mit der Eroberung der Meere vermacht waren. Wenn ein Mensch hinaus auf See will, so liegt dies an der schier unwiderstehlichen Anziehungskraft des Meeres.

Im Jahre 1535 schiffte sich Pater Antonio de Guevara auf einer Galeere des Kaisers Karl V. ein, um in Tunis gegen die Berber zu kämpfen. Auf der Rückreise von jener Expedition verfasste er eine Abhandlung unter dem Titel Die Kunst der Navigation, in der es heißt: »Das Meer ist schön anzuschauen, doch gefährlich zu überqueren. Es ist absonderlich, denn es verändert sich mit jedem Mondviertel. Es kennt keinen Unterschied zwischen Herrscher und Diener. Es ist äußerst heimtückisch, denn wenn es ruhig und gutmütig auftritt, so nur, um sich auf Sturm und Unwetter vorzubereiten.«

Wer jemals das Meer beobachtet hat, weiß um sein lebendiges Wesen, sein verführerisches Temperament, seine naturgegebene Unberechenbarkeit. Ganz nach Lust und Laune singt, schreit oder weint es, prügelt und straft oder liebkost. Es verbündet sich mit der Sonne und dem Mond, mit dem Nebel und mit dem Wind, bestimmt den Regen wie den Sonnenschein.

Es ist nicht der Mensch, der die See erobert. Es ist die See, die ihn vereinnahmt. Von allem, was mit dem Meer zu tun hat, ist man fasziniert: von den feinen Linien einer Seekarte, der Perfektion eines Teakdecks oder einer Schiffluke, von einer alten verfallenen Badekabine am Strand. Da wird das Tafelsilber der großen Passagierschiffe gesammelt, Kompässe oder Sextanten, mit Muscheln besetzte Schreibzeuge oder Tabaksbeutel aus der Haut der Albatrosse. So manch ein Romantiker sitzt zu Hause und lässt sich vom Anblick eines edlen Schiffsmodells, eines Flaschenschiffes oder eines liebevoll lackierten Halbmodells inspirieren.

Maritimes Ambiente ist wie eine kleine Kreuzfahrt – von der Vergangenheit in die Gegenwart, entlang der Küsten und über das freie Wasser, durch die weite Welt der Meere.

Die Eroberung der Meere

Seekarte und Kompass, Sextant und Fernrohr, Barometer und Chronometer – alle diese einstmals für die Navigation unabdingbaren Utensilien sind mit der Zeit zu beliebten und wertvollen Dekorationsstücken geworden.

150
160
170
180
190
200
210
220

Dieser Reisesekretär aus Mahagoni mit seinen zahlreichen Schubladen und den Messingbeschlägen ist eine wirkliche Rarität. Ausgesuchte Gegenstände vollenden das maritime Arrangement (rechte Seite).

1875 nahmen Thomas und Anne Brassey Abschied von London. Die einflussreiche Familie – Lord Brassey war immerhin Mitglied des Parlaments – ging auf Reisen. Und was für eine Reise! Im wahrsten Sinne mit Kind und Kegel – mit Kindern, Tieren, Bediensteten – gingen sie mit der luxuriösen, rund 50 Meter langen Motoryacht SUNBEAM auf eine Reise um die Welt.

Nach einem guten dutzend touristischer wie mondäner Zwischenstopps befand sich die SUNBEAM auf der Fahrt von Valparaiso zu den Osterinseln, als Lady Brassey begann, den Pazifik unter die Lupe zu nehmen. Sie war, so schrieb sie jedenfalls, davon überzeugt, dass eine ganze Reihe der in den Karten verzeichneten Inseln gar nicht existierten, während es im Gegenzug viele andere gab, die (noch) nicht registriert waren. Das Korrigieren und Ergänzen des Kartenmaterials der Region erschien ihr eine attraktive Beschäftigung, und zu gerne wäre sie, Lady Brassey, einer jener Offiziere gewesen, die man mit dieser Aufgabe betraut hatte.[1]

Gerade die Erstellung von Seekarten war in ihren Anfängen sowohl eine wissenschaftliche wie eine künstlerische Angelegenheit. Die älteste, noch erhaltene Seekarte des Abendlandes, die nach ihrer Herkunft benannte Pisaner Karte aus dem späten 13. Jahrhundert zeigt das Mittelmeer und das Schwarze Meer auf einem Liniensystem, das der Unterteilung der auf den Windrichtungen beruhenden Kompassrose entspricht. So eine Portolankarte, die Kenntnisse von Ländern und Ozeanen vermittelte, war im Mittelalter zudem ein repräsentatives Machtinstrument. Nach den Entdeckungen von Kolumbus teilten sich Spanien und Portugal mit dem Vertrag von Tordesillas von 1494 die Welt untereinander auf. Im Laufe der

Karl II., Admiral Vautromp und seine Offiziere beim Studieren von Seekarten (oben).

Die Armillarsphäre von Louis-Charles Desnos aus dem Jahre 1757 stellt die Bewegung der Gestirne um die Erde dar (links oben).

Himmelsglobus aus dem 18. Jahrhundert. Das geometrische Modell zeigt die Gestirnspositionen am Himmel (unten links).

Abgebeizt und blank poliert, vermitteln die Bullaugen, Blöcke und Ruderräder der alten, zum Pub umgebauten Remise maritimes Flair. Der Großmast mit Baum steht auf den ehemaligen Decksplanken eines Sardinenfängers (folgende Seiten).

Eroberungen erlangten die Portolankarten einen immensen Wert und wurden strikt geheim gehalten. Doch wie üblich konnten Indiskretionen nicht ganz verhindert werden. So bezahlte der italienische Diplomat Alberto Cantino im Jahre 1502 einen Kartografen für die Kopie einer portugiesischen Karte, die seinem Gebieter, dem Grafen von Ferrara übergeben wurde – ein in der damaligen Zeit wahrlich königliches Geschenk.

Porträt von Magellan aus dem 16. Jahrhundert. Der portugiesische Seefahrer hatte 1519 auf dem vermeintlichen Seeweg nach Indien im Süden Südamerikas eine Durchfahrt zum Pazifik entdeckt, die heute nach ihm benannt ist.

Die ersten Seekarten haben das Bild von der Welt verändert und in mancher Hinsicht gar den Lauf der Geschichte bestimmt: Im September 1519 brach der portugiesische Seefahrer Magellan im Dienste Spaniens auf, um im äußersten Süden von Amerika eine Durchfahrt ins Südpolargebiet zu finden. Nach einer Überwinterung in Patagonien durchsegelte er eine später nach ihm benannte Passage und gelangte in ein fremdes Meer, dem er den Namen Pazifik gab. Am 16. März 1520 »entdeckte« er die Philippinen. Dass diese Inseln Spanien zugeschlagen wurden, war einzig dem Franzosen Gonneville zu verdanken, der das Archipel zwar schon fünfzehn Jahre zuvor betreten hatte, doch offensichtlich vergaß, die Position in den Portolankarten zu verzeichnen ...

Geschmückt mit den Wappen und Kriegsfahnen der Kolonialherren, stellten die Karten des 16. Jahrhunderts weniger ein Abbild der Welt denn eine konzentrierte Zusammenstellung von Beobachtungen, Hypothesen und Fantasmen dar. Selbst nachdem die Portugiesen aufgrund der Höhenbestimmung des Polarsterns und der Beobachtung der Meridiandurchgänge das System der Breitengrade zur Festlegung von Entfernungen in Nord-Süd-Richtung eingeführt hatten, blieben die Portolankarten Meisterwerke der Ungenauigkeit. Entsprechend wenig konnten sich die Seeleute darauf verlassen. Monique Pelletier[2] unterstreicht diese Annahme in ihrem Aufsatz: Der Ort wurde weiterhin mithilfe gekoppelter Größen bestimmt, wobei die Seeleute zwischen den Kartendarstellungen und ihren Erfahrungen und Kenntnissen zu vermitteln suchten.

Der bekannteste Kartograf, Mercator, nach dem die heutigen Seekarten benannt sind, war ein Mann des 16. Jahrhunderts. Seine Projektion über-

Als Peter Goos 1660 die Seekarte von Ostindien zeichnete, war das heutige Indonesien noch eine niederländische Kolonie (links und S. 18).

Dieser Speicher eines schönen Wohnhauses an der Atlantikküste bei Saint-Malo wurde zu einem kleinen Seefahrtsmuseum ausgebaut, um Schiffsmodelle, Stoßzähne von Narwalen und verschiedene andere ebenso prachtvolle wie ungewöhnliche Objekte auszustellen (rechte Seite).

nahm Winkel sowie Entfernungen, doch bis zu den modernen Karten war es noch ein weiter Weg. Bis ins 18. Jahrhundert blieben die wissenschaftlichen Kenntnisse der Seeleute sehr beschränkt. So kam es nicht selten vor, dass man eine Insel entdeckte und in eine Karte eintrug, sie jedoch nicht wieder finden konnte, und dass ein anderer Seefahrer sie erblickte, ohne sie als die in der Karte eingetragene zu erkennen, oder dass er eine ganz andere Küstenlinie ausmachte. Die Rivalität der Nationen führte zur grundsätzlichen Geheimhaltung der eigenen Entdeckungen.

Mit der Einrichtung von öffentlichen Sammelstellen von Karten und Plänen 1720 in Frankreich und in der Zeit um 1740 in England und Holland lüftete sich das Geheimnis, doch noch ließen sich längst nicht alle angehäuften Fehler und Irrtümer korrigieren. Erst im 19. Jahrhundert entwickelte sich die Kartografie zu einer eigenständigen Wissenschaft, und erst in jener Zeit begann man mit der systematischen Erfassung der Küsten, doch die Navigation blieb vorerst infolge ungenauer oder falscher Linienführungen riskant. 1741 irrte der Engländer Anson einen Monat im Südpazifik umher, weil er seine Position nicht mehr ermitteln konnte. Ein Vierteljahrhundert später kam Bougainville während seiner Weltumsegelung mit LA BOUDEUSE irgendwo zwischen den Neuen Hebriden und den Philippinen von der Route ab. Im Logbuch geißelte er die Kartografen: »Wer auch immer die Umrisse des Landes in Karten einzeichnet, einzig auf der Grundlage seiner Ignoranz, dem wünsche ich ein paar dieser grausamen Nächte, wie wir sie hinter uns gebracht haben.«[3]

Die Ungenauigkeit der Karten entsprach der Ungenauigkeit der Navigationsinstrumente. Bis ins 18. Jahrhundert verhalfen sie den Reisenden allenfalls zu einer annähernden Vorstellung von ihrem Kurs, ihrer Geschwindigkeit, ihrer Position und der noch verbleibenden Strecke.

Das älteste Navigationsinstrument könnte das Log gewesen sein. Es misst die Strecke, die ein Fahrzeug im Wasser zurücklegt und vermittelt somit auch dessen Geschwindigkeit. Im 1. Jahrhundert vor Christus erfand der römische Ingenieur und Architekt Vitruvius Pollio das Radlog, das bis

Wandschmuck eines Hauses in der Nähe der Börse von La Rochelle. Die im 18. Jahrhundert restaurierte Stadt kann mit besonders schönen Portalen, Arkaden und herrschaftlichen Stadthäusern aufwarten (oben).

Buchmalerei in »Les Premières Œuvres« des Lotsen Jacques Devaube (Le Havre, 1583). Im Mittelalter benutzten die Seeleute zur Bestimmung der Höhe von Sonne und anderer Gestirne den so genannten Jakobsstab (links unten).

Schiffslaternen unterschiedlichster Stile und Epochen schaffen eine Atmosphäre wie in alten Zeiten, in denen solche Lampen nicht nur die Interieurs erleuchteten (rechte Seite).

ASIÆ
PERSIA
Ormus
Guadel
MOGOL
Gouzeratte
CAMBAIA
BENGALA
Tropicus Cancri
EMEN
ARABIA FELIX
Fartaque
AFRICÆ
MAGADOXA
Linea Æquinoctialis
MOMBAZA
MOZAMBIQUE
SOFFALA
MADAGASCAR
Tropicus Capricorni
PEGU
SIAM
CAMBODIA
OOST INDIEN
WASSENDE-GRAADE PASKAART

Den Louis-XV.-Salon dieses Anwesens in der Normandie ziert ein Schiffsmodell sowie ein Globus aus dem 19. Jahrhundert. Die Bücherborde verwahren einige wunderschöne Ausgaben maritimer Werke, in denen sich, in einem der hellen Ledersessel sitzend, genüsslich blättern lässt (folgende Doppelseite).

Ende des 15. Jahrhunderts gebräuchlich war und durch das »Schiffslog« ersetzt wurde. Dieses bestand aus einem mit einem Gewicht versehenen Brett, das über einen Hahnepot mit einem in bestimmten, gleichmäßigen Abständen geknoteten Band verbunden war. Eine Sanduhr vervollständigte die Anlage. Das Brett wurde ins Wasser geworfen, die Leine ausgelassen; mithilfe der Anzahl der Knoten konnte dann die Geschwindigkeit berechnet werden. Vertrieb das Brett, wurden die Werte ungenau. Erst Anfang des 19. Jahrhunderts erfand man das Schlepplog, den Vorfahren des berühmten Walkerlogs und der modernen elektronischen Logge.

Auch der Kompass ist einer langen Entwicklung unterworfen gewesen. Die Chinesen entdeckten bereits im 5. Jahrhundert, dass sich eine magnetische Nadel stets nach Norden ausrichtet. Sie verwendeten diese Kenntnis zunächst zum Bau eines hellseherischen Instrumentes, das sie später für die Navigation umfunktionierten. Der erste Kompass auf See wurde auf den Dschunken benutzt und war nichts als ein lang gestrecktes, magnetisiertes Stück Eisen, das in einer Keramikschüssel in Wasser gelegt wurde. Nachdem dies Verfahren dank portugiesischer Entdecker Ende des 15. Jahrhunderts nach Europa kam, wurde die Kompassnadel mit einer Windrose, nun Kompassrose genannt, unterlegt. Mit einem Gehäuse vor Stößen geschützt, entwickelte sich daraus der Kompass. Dieses Instrument war empfindlich und zudem unzuverlässig, denn zunächst blieben die Missweisung und die Ablenkung durch magnetische Ausrüstung an Bord unberücksichtigt. Zwischen dem 16. und 19. Jahrhundert erfuhr der Navigationskompass verschiedene Modifikationen. Da gab es den Schwimm-

Karyatide aus dem späten 18. Jahrhundert sowie eine Galionsfigur der TRIOMPHANTE*, beide in Holz geschnitzt (oben und rechts).*

Stich aus dem »Journal ou description du merveilleux voyage« von Willem Schouten aus dem 17. Jahrhundert. Abgebildet sind Schouten, dem eine von ihm 1616 entdeckte Inselgruppe in Ozeanien ihren Namen verdankt, und sein Schiff ENDRACHT *sowie Magellan und seine* VITTORIA *(rechts).*

Das Linienschiff SOLEIL ROYAL *(oben) wurde 1669 gebaut. Die figürliche Holzschnitzerei der Heckpartie (rechts unten) wurde von den Arbeiten des Schnitzers Jean Bérain beeinflusst.*

dem »Reagenzglas« senkte sich so weit, bis der Druck der Restsäule dem Luftdruck entsprach. In der zweiten Hälfte des 17. Jahrhunderts nahm der Engländer Robert Hooke das Barometer mit an Bord, verhalf ihm jedoch zuvor zu einer Röhre mit geringerem Durchmaß, sodass das Quecksilber bei Krängung des Schiffes nicht ausfließen konnte. Die folgenden zwei Jahrhunderte veränderte sich das Barometer kaum; eine durchschlagende Verbesserung gab es erst 1847. In jenem Jahr hatte der Franzose Lucien Vidie aus Nantes, der einst in Diensten mechanischer Erfindungen auf eine geistliche Karriere verzichtete, das Aneroidbarometer erfunden. Dieses misst den Luftdruck mittels luftleerer Metalldosen, die sich bei Verringerung des Drucks ausdehnen, und umgekehrt. Die Bewegung wird auf einen Zeiger übertragen, der sich gegen den Uhrzeigersinn dreht, und die Veränderung in Quecksilbermillimeter bzw. Millibar anzeigt. In einem Mahagonigehäuse untergebracht, dient dieses Instrument auch heute noch auf der ganzen Welt zur Vorhersage von Schönwetter und Regen.

Mit all ihren Mysterien, Offenbarungen, dem Wettstreit und der Theatralik liest sich die Geschichte der Navigationsinstrumente fast wie ein Abenteuerroman. Dessen längstes und sensationellstes Kapitel mündet in der Bestimmung der Längengrade und der daraus folgenden Berechnung der Entfernung in Ost-West-Richtung.

In *Die Insel des vorigen Tages* hat der Schriftsteller Umberto Eco das komplexe Thema in recht einfache Worte gefasst. Er erinnert daran, dass man die Erde einst in 360 Grad unterteilt hat, die jeweils vier Minuten entsprachen, und lässt Colbert »ein sicheres Mittel kennen: Man muss an Bord ein Chronometer mit der Uhrzeit des Meridians von Paris besitzen. Dann bestimmt man die Ortszeit des Längenkreises, auf dem man sich befindet, und errechnet mittels der Zeitdifferenz den Längenkreis.«[4]

Die Messung der Zeit auf See beschäftigte die Wissenschaftler seit dem 16. Jahrhundert. Bald wurde die Unbrauchbarkeit der an Land üblichen

Das Fragment eines Gobelins als Kulisse für das Arrangement verschiedener Objekte – ein altes Riva-Modell, eine Bonboniere, eine exotische Muschel und eine moderne Lampe aus Holz und Edelstahl (oben).

Ein sorgfältig polierter Eichentisch, ein Seestück und ein paar Gegenstände, die man auf dem Dachboden eines alten Seebären gefunden hat (rechts oben).

Ob wirklich alt oder nachgebaut, ob aus Messing oder Blech, ob mit Petroleum oder Strom betrieben – Schiffslaternen sind äußerst dekorative Sammlerobjekte (rechts).

A. EGGLETON
3rd Bn Gr Gds MAKER

Das Schiffsmobiliar aus Mahagoni bildet den geeigneten Rahmen für die alten Navigationsinstrumente: Oktant, Steuerrad, Fernrohr, Kompass ... (S. 28). Die Lampen auf dem Teakgräting und die hellen Reflexe auf dem Glas des Bullauges lassen die Schiffsmodelle erstrahlen (S. 29).

Methoden auf dem Wasser deutlich. Die Schiffsbewegungen sowie die Temperaturunterschiede brachten alle Messgeräte durcheinander. 1656 trug die Erfindung des Pendels durch den von Colbert beauftragten holländischen Astronom und Physiker Christiaan Huygens zum dauerhaft gleichlaufenden Betrieb der Uhr bei. Die bis dato verwendete Feder hatte nur eine periodische Bewegung sicherstellen können. Doch trotz seiner Erfolge konnte Christiaan Huygens seine Pendeluhr nicht für den Gebrauch auf See einrichten.

Die ersten Zeitmesser der Seeleute waren mit zerstoßener Eierschale oder Sand gefüllte Sanduhren. Diese im 15. Jahrhundert aus den Wasseruhren[5] entwickelten Zeitmesser wurden jedoch noch nicht zur Navigation verwendet, sondern dienten an Bord zur Einteilung der Wachen.

Ende des 17. Jahrhunderts unternahm die Wissenschaft größte Anstrengungen, um ein Chronometer zu entwickeln, das auf See exakt und beständig lief – allerdings ohne Erfolg. Von der Nützlichkeit eines derartigen Instruments überzeugt, verstärkten die europäischen Staaten ihre Forschungsarbeiten. Und so war es kein Zufall, dass Holland eine Prämie von 30 000 Florin (heute Gulden) für die Lösung der Längenkreis-Problematik aussetzte. Schließlich war die dort 1602 gegründete V.O.C., die Niederländische Ostindische Compagnie, außerordentlich erfolgreich. Nachdem sie von Malakka bis Ceylon und Timor weitere Niederlassungen aufgebaut hatte, war es nunmehr Holland, »das die Handelsbeziehungen zwischen Asien und Europa bestimmte. Es kontrollierte nicht nur die Routen durch den Indischen Ozean, sondern auch alle strategisch wichtigen Stützpunkte und alle Häfen, von Tonkin bis zum Roten Meer«[6], und war bestrebt, diese Überlegenheit auf See um jeden Preis zu erhalten.

1685 stach das französische Schiff L'OISEAU als Missionsträger in Richtung Siam

Diese ungewöhnliche Patchwork-Arbeit wurde von einem Offizier aus den verschiedenen Stoffen seiner Uniform angefertigt (linke Seite).

Aufwändige Kompasssäule mit Steuer- und Peilkompass, um 1800 (oben).

Oktant aus dem 18. Jahrhundert, möglicherweise aus dem Besitz des Seefahrers Louis-Antoine de Bougainville. Das Instrument diente zur Messung der Höhenwinkel von Gestirnen und somit zur Bestimmung des Breitengrades (rechts).

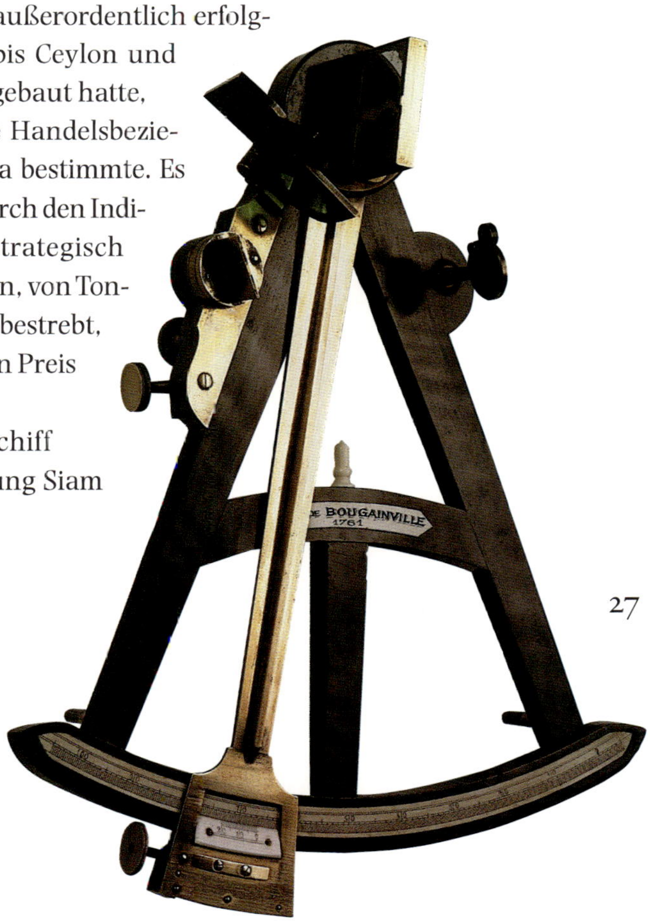

Walker's "Cherub" III Taffrail Ship-Log
DIRECTIONS FOR FITTING
LENGTH OF LINE
DIRECTIONS FOR HAULING IN THE LOG
ADJUSTING AND EXAMINING THE BEARINGS
OILING
Made in England
Thomas Walker & Son, Ltd., 58, Birmingham,
STAND BY
STOP
FINISHED WITH ENGINES
SLOW
HALF
FULL
AHEAD
ASTERN
CHARLES D. HOLMES & Co Ltd
ENGINEERS
HULL
STORMCOCK
1878

in See. An Bord befand sich ein Chronometer mit Spirale und Feder. Zu dessen Kontrolle war eine durchaus schillernde Persönlichkeit abgestellt: Ein gewisser François Timoléon aus Choisy, der es geliebt hatte, sich als Comtesse des Barres in Frauengewändern zu kleiden, bevor er einem Orden beitrat. Als Geistlicher hatte Timoléon im Verlauf der Schiffsreise einen schadhaften Mechanismus zu melden, der die Strapazen der Seereise nicht überstanden hatte. So behielt Holland seine Florins, und die Gelehrten machten sich abermals an die Arbeit, während auf den Weltmeeren weiterhin die »Sandfresser« zum Einsatz kamen: »1703 war Duguay-Trouin wegen Nebels an der Beobachtung der Himmelsgestirne gehindert worden, als ihm das merkwürdige körperliche Verhalten seiner Mannschaft vor Spitzbergen auffiel. Die Ursache: Aufgrund der dauernden Helligkeit während des Polarsommers hatte man auf unnatürliche Weise Tag und Nacht vertauscht! Da die Seeleute bei Wachwechsel stets in Eile waren und die Sanduhren bereits umdrehten, bevor sie vollständig durchgelaufen waren, war man an Bord nach acht Tagen der Zeit um zehn Stunden voraus.«[7]

Sanduhren zum Messen der Zeit gab es bereits in der Antike. Sie sind wahrscheinlich eine Erfindung der Ägypter und seit dem 15. Jahrhundert im Gebrauch der Seeleute. Das Modell oben stammt aus dem 18. Jahrhundert und zählt, wie das Exemplar rechts, die halben Stunden.

Kupferstich von Galle nach Jan van der Stract. Der Seemann Flavio Giova d'Amalfi zählte zu den Erfindern des Kompasses im Jahre 1302 (unten).

Im Jahre 1714 weitete sich das Rätsel um die Längengrade fast zu einer Staatsaffäre aus. Das englische Parlament versprach einen Preis von 20 000 Pfund – damals ein Vermögen! – für die Erfindung einer Methode zur zuverlässigen Bestimmung des Längengrades. Die Ungenauigkeit durfte maximal einen halben Grad – entsprechend 50 Kilometer – betragen. Frankreich folgte diesem Beispiel mit einem geringer ausgestatteten Fonds. Diesseits und jenseits des Ärmelkanals wurden immer mehr Uhren gefertigt, doch erwies sich keine auf See als zuverlässig.

1731 tauchte ein anderes Navigationsinstrument auf, dem eine wesentliche Rolle bei der Orts-

Die alte Galionsfigur gegenüber den ausgetretenen Granitstufen scheint die Diele des Wohnhauses in Saint Malo zu bewachen. Weiterer Schmuck sind das schmiedeeiserne Treppengeländer und die alte Kommode aus dem Hafenamt mit einem Fregatten-Modell aus dem Jahre 1830 (rechte Seite).

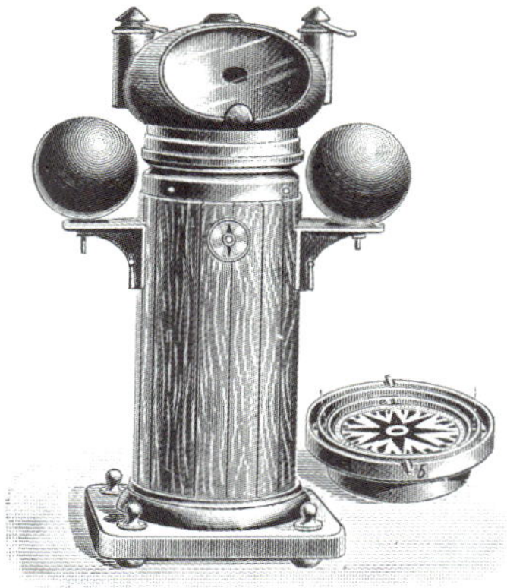

Kompasssäule für einen Steuerkompass mit Kugelkorrektoren (oben).

Säule eines kompensierten Magnetkompasses des 20. Jahrhunderts (rechts).

bestimmung zukam. Es war dies nicht das Chronometer, sondern der Oktant, der nach und nach den Davis-Quadrant ersetzte. Erfunden von dem Engländer John Hadley, ermöglichte dieses Winkelmessinstrument die Bestimmung des Breitengrades auf eine Minute genau. Jean Randier schreibt dazu: »Die wahre Revolution war die doppelte Reflexion, dank derer das Abbild des beobachteten Sterns mit großer Stabilität mit dem Horizont in Übereinstimmung gebracht werden konnte, was besonders für Beobachtungen vom schwankenden Schiffsdeck aus wichtig war.«[8]

Eine weitere Voraussetzung für die Berechnung des Längenkreises blieb einstweilen unerfüllt: Eine exakt laufende Uhr konnte noch nicht hergestellt werden. Um 1750 entwickelte der Franzose Rivaz ein Chronometer mit Drehpendel, ein Landsmann konzipierte ein foliertes, gleichmäßig schwingendes Modell. Doch beide Werke liefen nicht mit der erforderlichen Präzision.

Zur gleichen Zeit vollendete der Londoner Uhrmacher John Harrison die Arbeit an einem sehr komplizierten Mechanismus. Harrison hatte seit der Ausschreibung durch das Parlament 45 Jahre zuvor bereits drei Chronometer vorgelegt, die allerdings nicht den Anforderungen entsprachen. Seine neueste Erfindung, das Chronometer Nr. 4, stellte er 1759 vor. Zunächst an Land überprüft, musste es sich noch unter der Beaufsichtigung eines Experten auf dem Atlantik beweisen. Auf der 22-tägigen Reise von Portsmouth nach Barbados konnte eine Ungenauigkeit von weniger als 40 Sekunden festgestellt werden. Dieses fantastische Ergebnis war dreimal zuverlässiger, als die Kommission forderte, und Harrison erhielt nicht nur die Prämie, sondern wurde dank dieses neuen Chronometers auch berühmt.

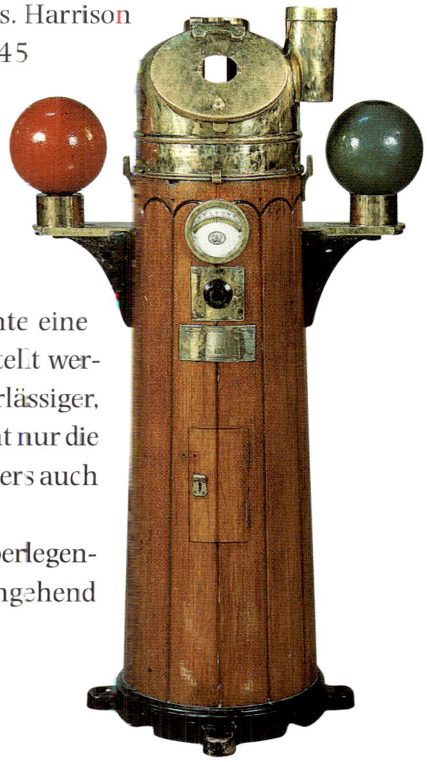

In Frankreich weigerte man sich, die technische Überlegenheit der Engländer anzuerkennen. Mithilfe eines umgehend

Seekarte der Île d'Houat mit Stechzirkel zur Bestimmung der Schiffsposition (links).

ausgeschriebenen Wettbewerbs versuchte die Akademie der Wissenschaften, die nationalen Gelehrten zu mobilisieren. Die beiden Uhrmacher Pierre Le Roy und Ferdinand Berthoud machten sich alsbald an die Arbeit. Am 5. August 1766 konnte Le Roy König Ludwig XV. die Früchte seines Schaffens präsentieren. Die Uhren bestanden alle Prüfungen an Land, doch stand der Beweis für das einwandfreie Funktionieren auf See noch aus.

Le Roy gewann den Marquis de Cortanvaux als Mäzen für den Bau einer Fregatte. Drei Monate lang segelte die AURORE so gut wie ziellos von Calais über Boulogne nach Amsterdam und Rotterdam, und wieder zurück, und die Uhren liefen noch immer genau. Pierre Le Roy beantragte noch eine weitere Möglichkeit, die Qualität seiner Uhren zu beweisen. So gingen sie erneut auf See: Die ENJOUÉE nahm sie von Le Havre aus mit zu einer Reise nach Neufundland und Afrika. Nach Frankreich zurückgekehrt, hatten die Zeitmesser Stürme und große Temperaturunterschiede überstanden, ohne ihre exakte Funktion einzubüßen. So erhielt Le Roy den Preis der Akademie.

Berthoud hatte es zwischenzeitlich vollbracht, zuverlässige Uhren von geringer Größe herzustellen. 1768 trat auch er den Beweis der Perfektion seiner Bauwerke an. Die wertvollen Stücke kamen an Bord der mit 18 Kanonen bestückten Fregatte ISIS. Leutnant Fleurieu, der Berthoud bei seiner Arbeit unterstützt hatte, nahm mehrere Offiziere mit, die sich unvoreingenommen die Kontrolle der Uhren zur Aufgabe machten. Im November lichtete das Schiff den Anker und startete zu einer einjährigen Fahrt, bei dem es den Atlantik von Nord nach Süd und von Ost nach West durchquerte. Bei der Rückkehr konnte die Genauigkeit der Chronometer bestätigt werden, und Berthoud avancierte zum staatlichen Inspektor aller in der Seefahrt verwandten Uhren.

Der Kampf um die exakte Zeitmessung hatte alle anderen Fortschritte

Ruderrad des Panzerkreuzers LA BRETAGNE, gebaut zu Beginn des 20. Jahrhunderts (oben).

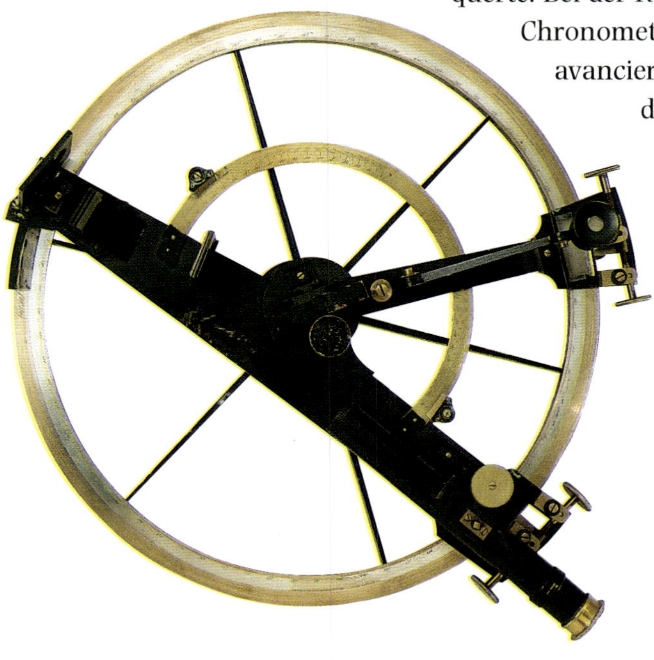

Der Borda-Quadrant wurde im 18. Jahrhundert von dem Mathematiker, Physiker und Seemann Jean-Charles Borda entwickelt, um den so genannten Kollimationsfehler (ein Messfehler aufgrund der Exzentrizität der Achse) auszuschließen (links).

im Bereich der Navigation überschattet. So erregte um 1750 die Erfindung des Sextanten, eines Abkömmlings des Oktanten, nur wenig Aufsehen, obwohl dieser Winkel bis zu 120 Grad messen konnte. Dies Gerät sollte erst künftig perfektioniert werden, während die mechanische Uhrmacherkunst mit dem für die Seefahrt geeigneten Chronometer bereits ihren Höhepunkt erreicht hatte.

Im Jahre 1775 wurde der Engländer James Cook, der schon zweimal die Erde umsegelt hatte, ersucht, im äußersten Norden eine Passage zwischen dem Pazifik und dem Atlantik auszukundschaften. Ohne Zögern quittierte er den Dienst beim Observatorium von Greenwich und brach zu seiner dritten großen Expedition auf. Bereits 1771 hatte Cook mehrere Uhren an Bord gehabt, darunter auch eine Kopie von Harrisons »Nr. 4«, der er absolute Zuverlässigkeit bescheinigte. Vor Reisebeginn mit der RESOLUTION vertraute ihm die Britische Admiralität einen neuen Satz Uhren an. Am Kap der Guten Hoffnung angekommen, teilte Cook seine Begeisterung mit: »Im Vertrauen auf die Präzision der Uhr entschied ich, direkt auf Sankt Helena abzusetzen. Die Uhr hat uns nicht im Stich gelassen, wir erreichten die Insel wie geplant. Wir sichteten sie am Morgen des 15. Mai und segelten dann Richtung West-Nordwesten weiter.«[9]

Mit der Möglichkeit zur exakten Berechnung der Längengrade mithilfe seetauglicher Chronometer brach in der Seefahrt ein neues Zeitalter an. Nach den Entdeckungsreisen wurden nunmehr die großen wissenschaftlichen Eroberungen in Angriff genommen, und die Navigation entwickelte sich nach und nach zu einer exakten Wissenschaft.

Eine so genannte Nürnberger Seekiste aus dem 18. Jahrhundert (links).

Bemalter Schrankkoffer aus Holz aus dem 19. Jahrhundert (unten).

Die Arbeitsräume auf dem englischen Schiff CHALLENGER, das zwischen 1873 und 1876 zahlreiche Fahrten zur Erforschung des Meeresgrundes unternahm (links unten).

Gebrauchsgegenstände der Seeleute sind oftmals beliebte Sammlerobjekte: alte Blöcke, ein Flaschenschiff und das Halbmodell eines Langustenfängers in einem Mahagonirahmen (rechte Seite).

Cm 456 "Salve Maria
langoustier de Camaret
CM 456

Wie auf einem Segelschiff

Bis ins 19. Jahrhundert waren Kriegs- und Handelsschiffe gleichermaßen unbequeme, unwohnliche Bauten. Erst mit dem Aufblühen des Yachtsports in den angelsächsischen Ländern entstand auch eine gewisse Wohnkultur für das Leben an Bord.

Anfang des 18. Jahrhunderts ließ sich Claude Caron, seines Zeichens Königlicher Vermesser, in Rochefort nieder. Dieses kleine (französische) Städtchen war von Ludwig XIV. zum Bau von Kriegsschiffen bestimmt worden, sodass dort bereits die besten Schiffszimmerleute des Landes am Werke waren.

Der Vermessungsfachmann war neugierig auf ihre Arbeit und besuchte sie an ihren Arbeitsstätten. In seinem Werk *Traité des bois servant à tous usages*[1] berichtete er: »Wir sprachen über all das Holz, das sie beim Bau der berühmten LE VICTORIEUX verwendet hatten, aber eine exakte Antwort auf meine Frage hatten sie nicht. Allerdings waren die Leute nicht abgeneigt, mich in meiner Fragestellung zu unterstützen, als ich mit dem Zollstock ankam ... Sie halfen mir, alle einzelnen Bauteile zu identifizieren, zu benennen und zu vermessen, sodass ich am Ende eine exakte Aufstellung bekam. Zu meinem Erstaunen konnte ich im Ganzen 17 465 Holzteile zusammenzählen, wobei das Material für die Masten, die Dekoration und den Innenausbau noch nicht einmal mitgerechnet war.«

Nach Haus zurückgekehrt, stellte der »Schiffsdetektiv« weitere Berechnungen an. Verwundert registrierte Caron, dass die Konstruktion des Rumpfes der VICTORIEUX 1800 Holzladungen schluckte, mit denen ein ganzes Stadtviertel hätte erstellt werden können, und er wunderte sich über die Tatsache, dass diese enorme Masse später mit Leichtigkeit schwimmen und auf langen Reisen in die entlegensten Gegenden segeln konnte.

Ungeheure Massen wiesen die damaligen Kriegs- und Handelsschiffe in der Tat auf. Als Symbole und Instrumente der Macht waren sie für lange Reisen und eine gute Haltbarkeit konzipiert. Im 17. und 18. Jahrhundert gab es nichts, was für die Flotte des Königs zu schön oder zu teuer gewesen wäre. 1669 erleichterte ein Erlass Colberts die Beschaffung von Eichenholz für die Marine, und seitdem wurden die für den Schiffbau ausgewählten Bäume am Fuße des Stammes mit einem Zeichen markiert, das einen Anker und eine Lilie darstellte. Masten, Schnitzereien und die

Schnitzerei eines Unbekannten in die Kalkfelsen in der Gegend bei La Rochelle (oben).

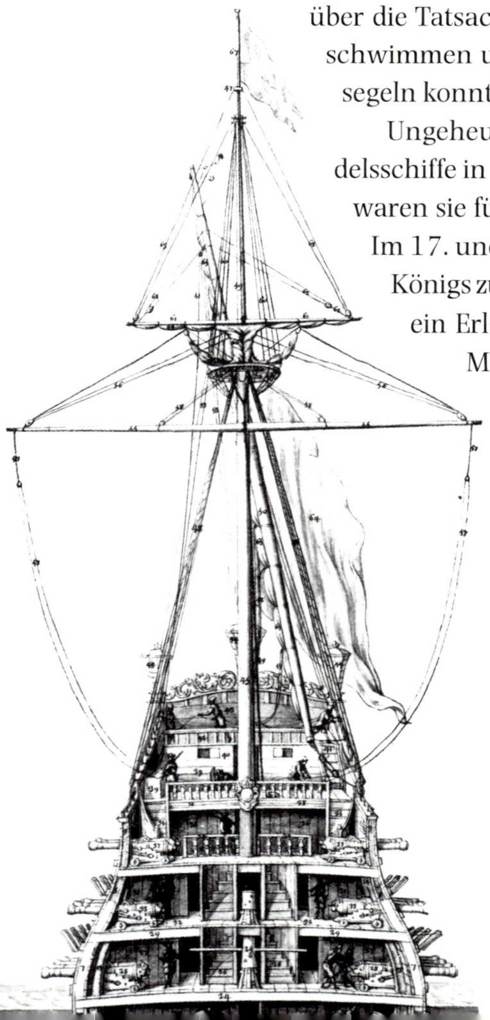

Querschnitt eines Kriegsschiffes mit der Anordnung der einzelnen Decks aus einem von Colbert Ende des 17. Jahrhunderts bestellten Album; dieses gilt als eine Art Bestandsaufnahme der damaligen französischen Marine (links unten).

In dieser Anrichte aus hellem Holz ist das schöne weiße Porzellangeschirr wunderbar präsentiert. Die maritime Dekoration betont seine schlichte Eleganz (rechte Seite).

EASTONOLA

Innenausstattungen verschlangen ganze Kiefern- und Tannenwälder, sollte das Holz doch biegsamer und leichter als Eiche sein. Wann immer Mangel auftrat, besorgte man sich das Holz jenseits der Grenzen, und keine Entfernung war zu weit: Anfang des 18. Jahrhunderts beschaffte sich das Arsenal von Toulon sogar Holz aus Albanien![2]

Segelschiffsmodell im Salon eines Sammlers und Liebhabers.

Bei der französischen Marine, vor 1914 (rechts unten).

Von außen betrachtet, zeigten sich die (Kriegs-)Schiffe mit all ihren Verzierungen und Vergoldungen als prachtvolle Bauten. Zurzeit Ludwig XIV. besaßen sie zwei oder drei Decks mit Galerien sowie mit Karyatiden und Darstellungen von Kampfszenen geschmückte Brüstungen. Die Marine beschäftigte für die dekorative Gestaltung der Königlichen Kriegsschiffe Bildhauer und andere renommierte Künstler wie etwa den Maler Charles Le Brun. Schließlich galt es, den Gegner zu beeindrucken und die Bewohner entfernter Landstriche zu blenden.

Im Schiffsinneren empfing den Menschen dagegen eine ganz andere Atmosphäre. Bis Ende des 18. Jahrhunderts dienten die Schiffe von Königen und Reedern der Entdeckung und Eroberung der ganzen Welt, doch unter Deck boten sie nur ein karges Minimum an Lebensqualität. Die Mannschaft lebte dicht gedrängt zwischen Kanonen, Fässern und Fässchen, Unmengen an Proviant und dem Viehzeug. Und selbst der Kapitän war kaum besser untergebracht, obwohl er über eine eigene Kammer verfügte. »Dies war auf den meisten Schiffen der einzige möblierte Raum; er wies ein Bett mit Strohsack und Matratze, einen Sessel und einen Schreibtisch auf«, wie Jean Merrien in seinem Buch *La Vie des marins au Grand Siècle*[3] beschreibt. Bei einer Stehhöhe von selten mehr als 5,5 Fuß, also umgerechnet 1,78 Meter, war diese Kammer ohnehin nur im Vergleich komfortabel, zumal wenn ihr Bewohner mit der Mode ging und hohe Absätze und einen Federhut trug ... Außerdem war es dort recht laut, denn nur eine dünne Planke trennte sie von der Treppe zur Poop; darunter quietschte das Ruder und nebenan lärmte die Wache. Gab es Passagiere, so waren diese erschüttert von dem Leben an Bord. Ein Handelsreisender aus Bordeaux, den es im 18. Jahrhundert nach Brasilien führte, beklagte sich bitterlich über die

In dieser Kneipe in Saint-Malo gibt das Mahagoni den Ton an: Die Wände, das Parkett und der indonesische, mit Leder bezogene Armlehnstuhl sind fein aufeinander abgestimmt und bringen die Sammlung von Schiffsmodellen zur Geltung (linke Seite).

Natürliche Materialen mit Inseltradition bestimmen die Einrichtung dieses Wohnzimmers auf der Île de Ré. Details wie die Möwen aus Holz und Eisen, die Fischerkugeln oder die Trommel mit Tauwerk, die hier zum Tisch umfunktioniert wurden, geben dem Raum eine maritime Note (folgende Doppelseite).

Eine Kabine der JACQUES CARTIER *(oben).*

Das Gemälde von Julien Le Blant entstand um 1890 und zeigt die Mannschaft auf dem Batteriedeck eines Panzerkreuzers (unten).

verschlagartige Unterbringung, die eher einer Mausefalle denn einem Zimmer glich, wo er nicht aufrecht sitzen konnte und, ausgestreckt liegend, seine Füße zur Tür hinausstrecken musste.[4]

Ganz offensichtlich blieb die Innenausstattung der Schiffe und das Mobiliar der Seeleute bis ins Zeitalter der Klipper und der Passagierdampfer auf das Allernotwendigste beschränkt. Zeitgenössische Quellen können diese Annahme nur bestätigen. Die reich verzierten Rümpfe standen in einem krassen Gegensatz zu den düsteren, beschränkten Räumlichkeiten der Decks und Zwischendecks. Die Grätings ließen kaum Luft durch, waren aber außer der zentralen Ladeluke die einzigen Öffnungen, denn auf See wurden die Stückpforten zum Schutz der Kanonen fest verschlossen. Auch das Licht war ein Problem. Bei Einbruch der Dunkelheit wurden Talg- oder Wachskerzen angezündet und in die Laternen gestellt. Doch selbst diese recht schwache Beleuchtung blieb den Offizieren vorbehalten oder wurde an Deck bei Manövern verwendet: Die einfachen Matrosen mussten unter Deck im Dunkeln zurechtkommen.

»Vom 14. bis ins 16. Jahrhundert«, so erklärt Marie-Noëlle Dieutegard, Händlerin nautischer Antiquitäten, »lebten die Schlossherren wie die Nomaden. Und an Bord war es ebenso. Man verfügte gerade über das Lebensnotwendige. Bis zum 18. Jahrhundert besserte sich die Lebensqualität nur geringfügig. Die wenigen Möbel, etwa in der Kapitänskammer, stammten aus den Haushalten an Land. Die Kapitäne brachten also ihren eigenen Tisch, einen Sessel oder einen Teppich mit, und selbst das Essgeschirr aus Zinn war ihr Privatbesitz. Natürlich kannten sie keine Betten, sondern schliefen in eingebauten Kojen. Die Matrosen nächtigten in Hängematten aus Segeltuch, die teilweise doppellagig waren, sodass Rosshaar- oder Tang-Matratzen eingezogen werden konnten.«

An Bord besaßen die Seeleute einzig ihre Seekiste, die von ihnen selbst aus heimischen Materialien, sehr selten auch aus exotischen Hölzern hergestellt war. Diese war unten breiter gebaut, um den Schiffsbewegungen im Seegang zu trotzen, und stand zum Schutz gegen die Feuchtigkeit meist

Dieses Zimmer in einem Haus am Cap Ferret mit seinen getäfelten Wänden und dem kojenähnlichen Einbaubett erinnert an eine Schiffskabine (rechte Seite).

W

In diesem Haus in Noirmoutier wurden Schalhölzer vom Bau für die Innenverkleidung verwendet. Der nüchterne Stil unterstreicht die Anmut der handgeschnitzten Schiffsmodelle (folgende Doppelseite).

Die Spanier hatten aus diesem Holz kurzerhand ein Kreuz gebaut, das später den Standort der Kathedrale von Santo Domingo kennzeichnen sollte. »Das erste Mahagoni kam als Ballast der Indienfahrer um das Jahr 1520 nach Sevilla und damit nach Europa. Anfangs waren es die Möbeltischler, die sich seiner bemächtigten. Erst Mitte des 18. Jahrhunderts begannen sich die Schiffszimmerleute für jenes Holz zu interessieren, das sich so gut auf Hochglanz bringen ließ und vor allem nicht faulte. In England wurden bereits im 18. Jahrhundert Schiffe aus Mahagoni gebaut, doch die Franzosen folgten dieser Idee erst Mitte des 19. Jahrhunderts. Das Dampfschiff AUDACIEUSE, das 1842 vom Stapel lief, war wohl die erste französische Mahagoni-Konstruktion. Damals gewann das dunkelrote Holz, das bei Licht noch nachdunkelt, im Schiffbau an Bedeutung und mauserte sich rasch zum Lieblingsmaterial der Schiffszimmerleute und Konstrukteure.

Gleichzeitig mit dem Teak aus Asien hielt eine weitere Holzart Einzug im Schiffbau. Schon im 17. Jahrhundert hatten französische und englische Seeleute die asiatischen Handelsschiffe aus dem feinporigen, duftenden und harzreichen Holz bewundert, das gegen Feuchtigkeit und tierische Schädlinge unempfindlich war. Im Laufe des 18. Jahrhunderts siedelten sich zahlreiche europäische Werftbetriebe in Indien, auf den Bengalen und in Birma an. Aus den Archiven ist zu erfahren, dass die französischen Unternehmungen in Rangun besonders erfolgreich waren. Zwischen 1786 und 1825 sind dort rund 100 Schiffe aus Teakholz gebaut worden. Die Engländer waren die Ersten, die mit Teakholz-Ladungen nach Europa zurückkehrten, doch wann hier die ersten Schiffe aus Teak gebaut wurden, ist unklar. Glaubt man den Berichten von Las Cases, so geschah dies erst im 19. Jahrhundert. In seinem *Mémorial de Sainte-Hélène* notierte er am 1. März 1816: »Heute sind in Sankt Helena Schiffe vom Kap angekommen. Die WELLESLEY, eine Fregatte mit 74 Kanonen, hatte die Einzelteile eines demontierten Schiffs geladen. Beide waren in Indien aus Teakholz gebaut und hatten nur ein Viertel von der in England üblichen Summe gekostet. Das Holz ist von hervorragender Qualität und erheblich besserer Haltbarkeit, als

Das Blau, Symbol der frankophiler Westküste, eint die unterschiedlichsten Objekte zu maritimer Inspiration (oben).

Albert Brenet, um 1936: Verabschiedung der Neufundland-Fischer in Saint-Malo (unten).

Dieses moderne Haus auf einer Landspitze im Finistère ist deutlich vom Schiffbau beeinflusst. Die Treppe, deren Stufen in die halbrunde Wand integriert sind, führt hinauf zur Terrasse. Im Vordergrund steht das Modell eines wunderschönen Kutters aus dem 19. Jahrhundert (linke Seite).

unsere europäischen Holzarten. Dieses Material könnte die Revolution des englischen Schiffbaus bedeuten.«[7]

Im 19. Jahrhundert brach in der Schifffahrt eine neue Ära an. Die Schiffe wurden robuster und schlanker gebaut, und an Bord hielt ein gewisser Komfort Einzug. Die Annehmlichkeiten waren natürlich sehr beschränkt und blieben zunächst den Kapitänen und Offizieren sowie den Passagieren der Ersten Klasse vorbehalten. Für die vielen Matrosen änderte sich nichts, ganz zu schweigen von den Fischern, deren Leben so hart blieb wie in den Jahrhunderten zuvor. Im Laufe der Jahrzehnte und in Zusammenhang mit den modifizierten Schiffsformen entwickelte sich an Bord eine spezielle Inneneinrichtung für die Bedürfnisse auf See, die über die Ausstattung mit von Land mitgebrachten Möbelstücken weit hinausging.

Über die Unterkünfte an Bord der Dreimaster, die Ende des 18. und Anfang des 19. Jahrhunderts für die großen wissenschaftlichen Expeditionen gebaut worden waren, wissen wir nur wenig. Die Berichte der Seefahrer beschränken sich auf die Entdeckungen und vernachlässigen das Leben an Bord. Von der BELLE POULE, der 1834 vom Stapel gelaufenen Fregatte des Prinzen von Joinville, weiß man nur, dass »die Poop der BELLE POULE jedoch – ganz im Gegensatz zu anderen Schiffen ihrer Zeit – nicht gerundet war, sondern der Spiegel des Hecks war rechteckig ausgeführt worden und bot genügend Raum für eine geräumige, komfortable und luxuriöse Einrichtung.«[8] Ein Großteil des Mobiliars derartiger Schiffe stammte zweifellos aus den Haushalten an Land, und auf die Einführung regelrechter Schiffsmöbel musste bis zum Bau der ersten Klipper gewartet werden. Jene dreimastigen Rahsegler mit lang gestreckten Unterwasserschiffen, wie sie erstmals in den 20er-Jahren des 19. Jahrhunderts in den USA und England gebaut wurden, fuhren im Teehandel und brachten Reisende und Handelsgüter nach Indien. Rund Kap Hoorn ging es in den Fernen Osten, doch zuvor wurden dort Arbeitskräfte und Ausrüstungen entladen.

Die Reedereien wetteiferten in knallharter Konkurrenz. Der Tee war ein äußerst wertvolles Handelsgut, und jedes Jahr ging es aufs Neue darum,

Die herrlich nostalgische Mosaiktafel ist das Namensschild einer 40er-Jahre-Villa in Dinard (oben).

In diesem Haus in der Nähe von Biarritz beweist sich die Kunst des Arrangements von Wiederentdecktem: Badewanne und Waschbecken aus dem frühen 20. Jahrhundert, Instrumententisch und Siebcontainer, rustikale Stühle, Wandteller im maritimen Dekor ... (links unten).

In diesem Bad eines Hauses in Noirmoutier steht die Badewanne von 1900 Seite an Seite mit einer abgebeizten und nunmehr gekalkten Anrichte (rechte Seite).

Jede einzelne Signalflagge, aber auch bestimmte Kombinationen dieser »Wimpel« haben ihre feste Bedeutung und dienten einst der Übermittlung von Botschaften (rechts).

Die Abbildung stammt aus einem Skizzenbuch des Prinzen von Joinville und zeigt Dover im Jahre 1857 (rechts unten).

Durchreisende Gäste hinterließen im Yachtclub von Maine, USA, Flaggen und Vereinsstander, die man wie Trophäen an die rauen Holzwände genagelt hat (rechte Seite).

dung der Reverbere, einer Petroleumlampe mit Glaszylinder, hatte der Schweizer Physiker Argand nicht nur die Straßenbeleuchtung, sondern auch jene auf See revolutionieren können: Die alten, mit Talg- oder Wachskerzen oder Waltran betriebenen Laternen hatten ob der Brandgefahr ständig überwacht werden müssen. Auch der Beleuchtung an Deck kam eine größere Bedeutung zu, zumal das ständig wachsende Schifffahrtsaufkommen das Kollisionsrisiko erhöhte. Dank einer Initiative des Parlaments entwickelte die britische Admiralität eine Beleuchtungsvorschrift, die sehr bald von anderen Seefahrtsnationen übernommen wurde. Zusätzlich zu der weißen Laterne wurden nunmehr rote und grüne Positionslichter eingeführt, welche die Fahrtrichtung des Schiffes erkennen ließen. In der Zeitschrift *L'Illustration*[10] lesen wir, dass man sich in Frankreich an verschiedene Hersteller wendete, bis die Wahl schließlich auf die Positionslaternen von Létourneau fiel: Deren Kerzen mit einer Brenndauer von 24 Stunden wurden in großen, »Kutschen ähnlichen« Gehäusen geschützt.

In den 50er-Jahren des 19. Jahrhunderts entwickelte sich mit den Aktivitäten von Engländern und Amerikanern eine neue Form der Seefahrt und des Segelns. Am 22. August 1851 wurde zum ersten Mal eine »Schlacht« um einen lächerlichen Silberpokal ausgetragen. Es war dies die Geburtsstunde des Yachtsportes. Wie man den Ausführungen von Daniel Charles in *La Coupe de l'America*[11] entnehmen kann, war den an dieser Wettfahrt teilnehmenden Yachten ihr sportlicher Einsatz nicht auf Anhieb anzusehen: »Die Kabinenwände der AMERICA waren mit Seide bespannt oder mit Rosen- oder Nussbaum getäfelt. Die Salons der GALATEA waren mit Erinnerungsstücken gefüllt. Über den Orientteppichen lagen Leopardenfelle, denn Eigner Leutnant Henn hatte an der Expedition der GLOBE teilgenom-

Stilisierter Neptunskopf am Vorkastell der BATAVIA (oben).

Ein traditionelles Motiv an Bord alter Segelschiffe (links).

Amerikanische Ornamente aus dem 19. Jahrhundert dienen als Vorbild für einen neuen Fries (rechts).

In einem kleinen Ort im Finistère verarbeitet der letzte Holzbildhauer altes Eichen- und Zedernholz zu wunderschönen Galionsfiguren.

Im Museumshafen von Douarnenez sind die Bootsbaumeister dabei, ein Dory mit plattem Boden zu konstruieren. Offene Beiboote dieser Art wurden von den großen Fischerei-Seglern mit auf See genommen, um Leinen und Netze einzuholen und die Fische an Bord zu bringen (linke Seite).

Das Tor der ehemaligen Remise ist nur mehr als Staffage erhalten. Dank des großen Fensters ist der Raum mit Licht und dem Geruch der Gischt erfüllt (folgende Doppelseite).

Der segeltuchbespannte Sonnenschirm aus Teak unter der Zimmerdecke des kleinen bretonischen Hauses verwandelt die Schlafstätte fast in ein Himmelbett (oben).

Durch die Verlängerung mit einer kissenbestückten Sitzbank wirkt diese Badewanne im Bad eines Hauses in Oxfordshire wie ein Ruhebett (unten).

Dieses elegante Hotel in Cornouailles ist wie ein Privathaus eingerichtet. Der Teppich, der Ledersessel und die alten Riemen geben dem Interieur einen frugalen Anstrich (rechte Seite).

à la Chesterfield, Himmelbetten und Orientteppiche sowie ein Klavier, auf dem Lipton Tonleitern übte.

Auf kleineren Schiffen fiel die Einrichtung sicher ein wenig schlichter aus, doch die Eigner der ersten Kreuzeryachten achteten auch hier auf einen gewissen Komfort. In einer Veröffentlichung aus dem Jahre 1891 schilderte ein gewisser Philippe Daryl typische Verhältnisse: »In der Anrichtekammer muss jedes Stück Geschirr seinen festen und sicheren Platz haben, damit es bei Seegang nicht kaputtschlägt. Die Regalbretter sind um 45 Grad geneigt, die Regale selbst an den Wänden festgeschraubt. Bei den Karaffen und Flaschen werden Formen mit quadratischen Böden bevorzugt.«[15]

1892 begab sich der Franzose Xavier Schelcher auf eine Vergnügungsfahrt rund um die Britischen Inseln. In seinem Logbuch beschrieb er einige Details der Inneneinrichtung seiner Yacht MEDGE. »Die Wände der Eignerkabine, die zwei mit Eichenschnitzereien verzierte Betten beinhaltet, sind mit Stoffen aus Havanna bespannt. Den ganz in Blau und Elfenbein gehaltenen Salon beherrschen zwei große Schlafsofas. Die Wände der Toilette sind mit Pitchpine getäfelt. Trotzdem lebt man hier an Bord der MEDGE wirklich wie auf einem Schiff. Auf der Fahrt von Aberdeen nach Edinburgh hatten wir erheblichen Seegang, und unser in der Gegend gekauftes Bier musste dran glauben: Um beim Mittagessen das Geschirr zu schonen, setzten wir uns alle mit Feldstühlen an einen geschützten Platz an Deck und tranken das Stout aus der Flasche. Dazu aßen wir Leute von Welt eine Kleinigkeit aus der Hand.«[16]

Aber natürlich verstand man auch an Bord exquisit zu tafeln. Im Erster-Klasse-Speisesaal der SCOT, der ganz in Rosenholz- und Bergahorn-Holz ausgestaltet war, wurde für 190 Personen eingedeckt. Denn im 19. Jahrhundert entwickelte sich nicht nur das Yachtsegeln. Es wurde auch eine ganz neue Spezies von Schiffen mit außergewöhnlichen Linien und beispiellosem Interieur geschaffen: die Passagierschiffe.

Die Welt der Passagierschiffe

Konstrukteure und Innenarchitekten haben mit den großen Transatlantik-Linern schwimmende Paläste geschaffen. Die Inneneinrichtung dieser Passagierschiffe schwelgte in Luxus und Komfort; die heutigen Designer inspiriert sie zu schlichteren Entwürfen.

A B C D F G
K L M N O
U W X Y
3 4 5

Dieser Rauchsalon in einem Hotel der Jahrhundertwende in Süd-Devonshire wurde im Stil der Passagierschiffe eingerichtet (folgende Doppelseite).

Das von Jean Colin gestaltete Plakat wirbt für die Kreuzfahrten der Reederei Paquet.

Auf diesem Dachboden in Saint-Malo sammeln sich die Mitbringsel des Eigentümers: alte gewichste Koffer und Reisetaschen, die gerahmte Knotentafel eines Matrosen mitsamt dem Konterfei des »Künstlers« und ein wohlgeordneter Satz Signalflaggen (linke Seite).

Ankunft in einer Luxussuite an Bord der ÎLE DE FRANCE *anlässlich ihrer ersten Atlantiküberquerung im Jahre 1927 (rechts unten).*

Am 1. Januar 1841 war offenbar ganz Liverpool im Hafen versammelt. Der erste Seitenraddampfer, die BRITANNIA der Reederei Cunard, sollte mit Kurs nach Amerika auslaufen. Ein Liniendienst, der Europa mit der Neuen Welt verband, bestand erst seit drei Jahren, und jede Abfahrt versetzte die Reisenden wie jene, die zurückblieben, in einen befremdlichen Gemütszustand, bei dem sich Erregung und Angst mischten.

Das Beladen schien kein Ende zu nehmen. Zuerst kamen wahre Berge an Kohle an Bord: Die BRITANNIA verbrauchte fast 40 Tonnen pro Tag. Dann wurden Stapel an Papier und Paketen gebracht, denn Samuel Cunard, der nebst der BRITANNIA noch drei weitere Holzschiffe bereederte, hatte im Jahr zuvor einen Post- und Paketdienst gegründet. Wenn die Passagiere schließlich ihr Hab und Gut, das ihnen für die drei Wochen auf See unentbehrlich schien, in dem 63 Meter langen schwarzen Rumpf verstaut hatten, begannen sie sich selbst an Bord einzurichten. Obwohl es Platz für 110 gegeben hätte, hatten sich für diese Reise nur 70 Passagiere eingeschifft, unter ihnen auch der berühmte englische Schriftsteller Charles Dickens mit seiner Gemahlin.

In *Amerika*[1] beschrieb der Autor von *Oliver Twist* die Überfahrt als einen langen Alptraum. Am dritten Tag nämlich verschlechterte sich das Wetter, und Frau Dickens wurde von panischer Angst erfasst. Sie rief nach ihrem Mann, der aus dem Schlaf schreckte: »Ich richtete mich auf und musterte die Koje und das Drumherum. In der Kabine schoss das Wasser hin und her. Kleinere Gegenstände schwammen herum, aber meine Schuhe schienen auf einer bestickten Tasche auf Grund gelaufen zu sein, sie standen hoch und trocken wie zwei kleine Kohlenleichter. Plötzlich sah ich sie durch die Luft springen, während der Wandspiegel an der Decke zu kleben schien. Im selben Moment war die Tür verschwunden, aber dafür öffnete sich eine andere im Boden. Langsam fing ich an zu begreifen, dass unsere Luxuskabine auf dem Kopf stand.«

Mit der Eröffnung der Liniendienste Mitte des 19. Jahrhunderts nahm die Schifffahrt auf allen Weltmeeren deutlich zu. Die Fahrgäste, die zu tausenden an Bord der Passagierschiffe gingen, waren bisweilen begeistert, häufig aber empfanden gerade die Reisenden der Dritten Klasse ihre Erlebnisse als überaus

H.M.S.
AMETHYST
RAIN CHANGE
STORMY

Familienkabine auf einem Passagierschiff zur Zeit Napoleons (links).

Der kleine Schrank ist in Anlehnung an jene Kabinenkoffer entworfen, die man einst zum Reisen auf See mit an Bord nahm (unten).

Noch einmal Devonshire: Zimmereinrichtung mit Frisierkommode und Schemel aus Ulme. Typisch für diese Art von Möbelstück sind der eingepasste Spiegel und die Schubladengriffe aus Elfenbein (rechte Seite).

negativ. Dies war umso stärker der Fall, als die Reeder sich keineswegs um eine schiffsgerechte Inneneinrichtung kümmerten.

Den Passagieren ging es nicht darum, Abenteuer zu erleben, und je weniger ihnen auffiel, dass sie an Bord waren, desto besser fühlten sie sich. Auf der 1850 für die Collins Line gebaute ATLANTIC war man bemüht, alles zu überspielen, was an die Seefahrt hätte erinnern können: »Die Belüftungsschächte des Salons führen in Form großer Schornsteine hinauf zum Deck und werden durch ein Blechgitter geschützt. Auf Grund ihrer Konstruktion lassen sie sowohl Luft als auch Licht hindurch. Den oberen Abschluss bildet eine lichtdurchlässige Glasscheibe, die gegen Regenwasser schützt. Der Luftaustausch wird mit Hilfe von Klappen geregelt. Bei Dunkelheit lassen sich die Schächte durch eingesetzte Lampen illuminieren – ein wirklich wundervoller Anblick.«[2]

Die Inneneinrichter der ersten Passagierschiffe hatten offensichtlich nicht die leiseste Ahnung, wie ein Schiff bei Schwerwetter schlingert. Am 2. Juli 1859 wurde das Londoner Unternehmen Smee and Sons mit der Ausstattung des Interieurs der GREAT EASTERN, einem der ersten Ozeanriesen der Great Ship Company, betraut. Die Arbeiten auf dem 207,4 Meter langen und 25,3 Meter breiten Schiff sollten innerhalb eines Monats beendet sein: ein nervenaufreibender Termindruck! Aber Smee and Sons bewältigten ihre Aufgabe (fast), in dem sie drei Speisesäle, rund 100 Kabinen und einen riesigen getäfelten Salon für die Passagiere der Ersten und Zweiten Klasse bauten. Am 17. Juni 1860 lief der Dampfer zu seiner Jungfernreise von Liverpool nach New York aus. An Bord befanden sich nur 40 Fahrgäste. Ein zeitgenössischer Stich zeigt den Salon während eines Sturms:

4

Das Blau des Badezimmers spiegelt die Farbe des Himmels wider, der Blick in St. Mawes in England führt hinaus auf die Bucht (linke Seite).

Erste-Klasse-Kabine auf einem Dampfer vor dem Ersten Weltkrieg (oben).

Auf der Landspitze von Le Croisic in Frankreich wurde ein altes Fort zu einem charmanten Hotel umgebaut. Der polierte Granitfußboden in einem der lichten Bäder harmoniert hervorragend mit den nostalgisch anmutenden Kachelarbeiten (rechts unten).

Die gesamte Einrichtung schoss von einer Seite zur anderen. Tische, Gestühl und Kanapees purzelten kunterbunt durcheinander, und mit ihnen die Passagiere, denn es gab nichts, an dem sie sich hätten festhalten können.

Bis in das Jahr 1870 blieben die Passagiere unter Deck »verbannt«, und die wenigen Luken funktionierten mehr schlecht als recht. Die OCEANIC der neuen White Star Line verfügte als erster Passagierdampfer über einen Salon mit natürlicher Beleuchtung und Belüftung durch die Oberlichter. In seinem Speisesaal waren zudem erstmals die langen Bänke durch einzelne Stühle ersetzt, sodass sich die Passagiere beim Essen nicht mehr wie Internatsschüler vorkamen. Zwei Jahre später war es mit der ADRIATIC wiederum ein Dampfer der White Star Line, dem als erstem Linienschiff auf dem Nordatlantik die Segnungen eines Beleuchtungssystems mit Gaslampen zuteil wurden. Drei Destillationsretorten, die in einem Gaskessel neben dem Maschinenraum untergebracht waren, dienten zur Versorgung der 300 Gasanschlüsse. Doch die Tage der Gasbeleuchtung an Bord waren gezählt: 1871 wurde der Dynamo erfunden, und dank Thomas Edison erblickte 1878 die elektrische Glühlampe das Licht der Welt. Schon 1881 war die SERVIA der Cunard Line, damals eine der größten Reedereien der Welt, komplett mit elektrischer Beleuchtung ausgerüstet.

Die Reedereien kümmerten sich vornehmlich um den Luxus und die Geschwindigkeit. Auf der Strecke über den Nordatlantik lieferten sich ihre Schiffe harte Rennen um das Blaue Band. Gewinnerin im Jahre 1884 war eines der ersten Passagierschiffe aus Stahl, die AMERICA. Sie benötigte für die Passage von Queenstown (heute Cobh) in Südirland nach New York nur sechs Tage, 15 Stunden und 22 Minuten. Mit der Zeit waren die Masten kürzer geworden; bald verzichtete man auf Segel und vertraute ganz und gar dem Dampfantrieb. Überdies kamen die Passagiere der Ersten Klasse in den Genuss von immer aufwendigeren Innenausstattungen. Als Vorbild erwies sich im Jahre 1873 die CITY OF RICHMOND der englischen Reederei Inman Line. Ihr großer, ahorngetäfelter Salon war sage und schreibe 171 Meter lang, und die Kabinen waren mit einer elektrischen Klingel ausgestattet.

Zweifellos wähnten sich die Passagiere durch den zur Schau gestellten Luxus so sehr in Sicherheit, dass sie sich nunmehr hinaus an Deck wagten. Dort saßen sie in Korbsesseln oder auf stoffbezogenen Klappstühlen, bis schließlich der Liegestuhl erfunden wurde, der als Deck- oder Longchair in die Geschichte einging. Dieser taucht zwar auf allen Fotografien der Archive und in etlichen Textdokumenten auf, doch seine genaue Herkunft wird nur in einem Bericht aus dem Jahre 1888 beschrieben. In der *Histoire d'un paquebot*[3] schildern der Seemann Louis Tillier und der Maler Paul Bonnetain eine Kreuzfahrt an Bord der MALACCA. Das Schiff der Messageries Maritimes besaß eines jener mit Teakholz belegten Decks, die auf den Passagierdampfern in Mode kamen und alsbald als »Promenadendecks« Berühmtheit erlangten. »Nach dem Frühstück«, so schrieben sie, »begann die Suche nach einem Sitzmöbel. Jeder Passagier brachte sich einen der in Hongkong, Saigon oder Batavia hergestellten langen Liegestühle für den Bordgebrauch mit. Diese unterschieden sich in ihrem Aussehen, und obwohl lange und tiefgründige Diskussionen um das Sujet geführt wurden, schien niemand das bequemste Modell zu kennen.«

Ob als Teakholz-Rahmenbau mit Korbgeflecht oder als reine Teakkonstruktion, natürlich mit Messing-Scharnieren versehen, wurde der Deckchair zum Sinnbild der Passagierschiff-Kreuzfahrt. Das war nicht weiter erstaunlich, denn die meisten anderen Möbelstücke an Deck und in den Kabinen waren nicht speziell für den Gebrauch an Bord bestimmt. So war nach Jean Randier der traditionelle *butler tray* auf den Gängen für die *tea time* an Bord nichts anderes als das Tablett, das die Diener in den englischen Landhäusern zum Servieren verwendeten, und das nun eine maritime Provenienz beanspruchte ...[4] Und die Übersee- oder Kabinenkoffer waren schlicht und einfach Behältnisse, in denen die britischen Kolonialisten, die Zivilen wie die Militärs, ihren Hausstand transportierten, um sich während der unendlich langen Reisen an Bord ihr *sweet home* »einzurichten«.

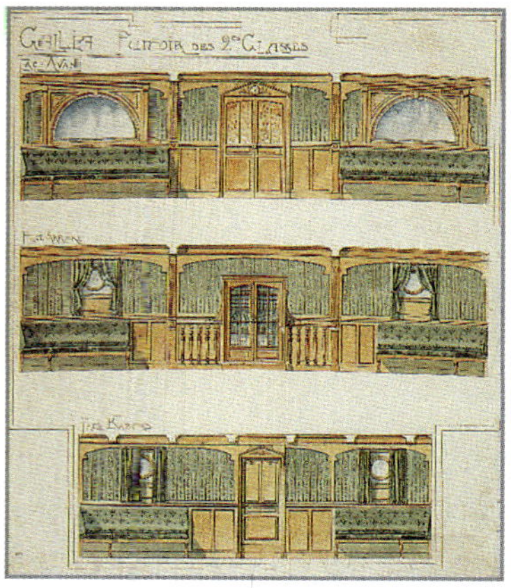

Entwürfe für Wandverkleidungen des Rauchsalons Zweiter Klasse des Passagierschiffs GALLIA *(oben).*

Elegante Passagiere an Bord des Überseedampfers CHAMPLAIN *im Jahre 1934 (links unten).*

Die stilisierten Pfauenfedern des außergewöhnlichen Glasdachs lassen die Lloyd-Loom-Sessel im Salon im rechten Licht stehen. Die verglaste Front des Rundbaus bietet einen besonders schönen Blick in den Garten (rechte Seite).

Bald wurde für die Passagiere der Ersten Klasse an Bord mit einer recht luxuriösen Ausstattung gesorgt, doch galt dieser Komfort nicht für die weniger noblen Gäste der unteren Klassen. 1928 entschloss sich der junge englische Schriftsteller Evelyn Waugh, dessen erster Roman *Auf der schiefen Ebene* fast begeistert aufgenommen worden war, einmal Ferien zu machen. Sein Agent vermachte ihm zwei kostenlose Fahrkarten auf dem norwegischen Passagierdampfer STELLA POLARIS, mit dem dieser eine Mittelmeerkreuzfahrt mit seiner Frau hatte unternehmen wollen, wegen einer Rötelnerkrankung aber nicht hatte machen können. Der Schriftsteller war in Ägypten aufgehalten worden und nahm, um zu sparen, eine Passage Zweiter Klasse auf der RANCHI nach Malta, um dort an Bord der STELLA POLARIS zu gehen. Das Auslaufen verlief reibungslos, aber auf See verschlechterte sich das Wetter, und Frau Waugh lernte eine ihr bis dahin unbekannte Variante der Kreuzfahrt auf einem Passagierdampfer kennen. Die Zweite Klasse war übervoll mit Offiziersfrauen des Indienkorps und ihren zahlreichen Sprösslingen: »Der Salon und der Rauchsalon waren durchaus sauber und anständig, ansprechend eingerichtet usw. Doch es war dort immer voll. An Deck gab es außer den wenigen Liegestühlen, die sich Passagiere selbst mitgebracht hatten, kaum einen Sitzplatz. Die drei oder vier Orte, an denen man sich hätte aufhalten können, waren mit Müttern überlaufen, die ihren Kindern grausame Einreibungen mit Vaseline verabreichten. Selbst das Promenadendeck war brechend voll, sodass man sich nicht einmal die Beine vertreten konnte.«[5]

Während sich langsam auch die Bedingungen in der Zweiten und Dritten Klasse besserten, erdachte man sich für die Passagiere der Ersten Klasse immer luxuriösere Einrichtungen. Wenige Angaben reichen aus, um sich eine Vorstellung von der Extravaganz zu machen, mit der die großen Passagierschiffe des 20. Jahrhunderts aufwarteten. So entschloss sich Albert

Der ovale Gesellschaftssaal auf dem Passagierdampfer ATLANTIQUE *um 1930 (linke Seite).*

Tischaufsatz an Bord der JEANNE D'ARC, *Porzellanmanufaktur Sèvres, 1925 (rechts oben).*

Der große Speisesaal der NORMANDIE *im Juni 1935. Die gläsernen Wandverkleidungen wurden von Labouret, die Beleuchtung von Lalique entworfen (unten).*

Ballin, Chef der Hamburg-Amerika Linie, an Bord der AMERIKA ein Ritz-Carlton-Restaurant einzurichten. Der Innenausstatter Charles Mewès, der bereits die beiden Ritz-Hotels in Paris und London eingerichtet hatte, übernahm den Stil der Grandhotels auch auf dem Passagierschiff. So war der Blick auf See durch die Oberlichter mit kurzen Satin-Gardinen verhängt ... Bei der Einrichtung der IMPERATOR, die kurz vor dem Ersten Weltkrieg vom Stapel lief, wurde Mewès von Ballin erneut freie Hand gelassen. Also erhielt der Passagierdampfer unter anderem unter Deck ein riesiges Meerwasserschwimmbad. Und in einem Raum in der Verlängerung dieses Beckens waren die Thermaleinrichtungen von Contrexéville nachempfunden ...

Auch bei den anderen großen Reedereien war man in dieser Hinsicht aktiv. Die Cunard Line stattete ihre LUSITANIA mit einem Louis-XVI.-Speisesaal aus, während die MAURETANIA ein Rauchzimmer à la Medici und einen Speisesaal im Renaissance-Stil erhielt; die Säulen im Salon erinnern an das Schloss Petit Trianon. Die Suiten an Bord der OLYMPIC, Schwesterschiff der TITANIC der White Star Line, waren im Empirestil eingerichtet, die Kabinen im Stil von Georg V. Die FRANCE der Compagnie Générale Maritime fiel zwar kleiner aus als ihre Konkurrentinnen, doch verwies man hier stolz auf ihre Empfangshalle und den Treppenaufgang als Miniatur-Nachbauten der Pariser Nationalbibliothek, den Louis-XIV.-Speisesaal, den Maurischen Teesalon und die Suiten im Directoire-Stil.

Das Zeitalter des Eklektizismus endete erst 1925. In jenem Jahr fand in Paris eine wichtige Kunsthandwerk- und Kunstgewerbe-Ausstellung statt. Der Vorstand der Compagnie Générale Transatlantique, John dal Piaz, war von einigen ausgestellten Arbeiten außerordentlich beeindruckt und nahm sich vor, diese bei der Ausstattung seiner zukünftigen Schiffe zu berücksichtigen. Er versicherte sich der Mitarbeit von Pierre Patout, dessen »Pavillon d'un collectionneur« zu den Glanzstücken der Ausstellung zählte, Henri Pacon sowie des Glaskünstlers René Lalique. Als erstes Passagierschiff wurde ihnen die 241,6 Meter lange ÎLE DE FRANCE überantwortet – das weltweit größte Schiff der Nachkriegsflotte, bei Penhoët in Saint-Nazaire gebaut. Pierre Patout verabschiedete sich radikal vom stilistischen Sammelsurium, das bis dato die Interieurs der Passagierdampfer

Das Schwimmbad an Bord der PASTEUR. Aquarell von J. Simon, 1929 (oben).

Shuffleboard-Spieler auf einem Überseedampfer um 1886 (links unten).

Man trifft sich an Deck – auf einem Kreuzfahrtschiff in den 30er-Jahren (rechte Seite).

Durch die große Glasfront richtet sich der Blick auf die Nordsee. Die minimalistische Architektur bringt das Eichenparkett und die kaffeefarbenen Sessel besonders schön zur Geltung (folgende Doppelseite).

gekennzeichnet hatte, und entwarf einen über drei Decks reichenden Speisesaal, dessen Architektur die Schiffsform widerspiegelte. Henri Pacon verfuhr auf ähnliche Weise mit dem Rauchzimmer, das vom Einfall natürlichen Lichts profitierte. Der Teesalon wurde durch 14 Fenster erhellt. Ein gewisser Eklektizismus erhielt allein in den ganz unterschiedlich eingerichteten Kabinen und Luxus-Suiten der Ersten Klasse in Form von opulenten Statuen, Skulpturen, Reliefs und schmiedeeisernen Elementen Einzug. Trotz mangelnder Harmonie und gewisser Opulenz war die ÎLE DE FRANCE das erste wirklich moderne Passagierschiff.

Auch die Konzeption des Luxus war in den 1930er-Jahren einem Wandel unterworfen. Die Innenarchitekten bemühten sich, jedes einzelne Schiff als einzigartiges sowohl mutiges wie funktionelles Werk zu gestalten. Der deutsche Architekt Fritz August Breuhaus de Groot, vom Norddeutschen Lloyd mit der Koordination des Innenausbaus der BREMEN betraut, die 1928 vom Stapel laufen sollte, distanzierte sich vom Entwurf des »schwimmenden Palastes«. Wie John Malcolm Brinnin und Kenneth Gaulin unterstrichen, »konnten die Inneneinrichter zum ersten Mal seit dem Bau der VATERLAND 1913 relativ frei über den Innenraum verfügen, der durchgehend vom Vordersteven bis zum Heck reichte und nicht einmal mehr von den Schornsteinen unterbrochen wurde. Damit ergab sich die Möglichkeit, die Linienführung des Schiffes aufzunehmen und mit dem Interieur in Einklang zu bringen. Die hohen Rundbogenfenster des großen Salons der BREMEN, durch die das Tageslicht einfiel, wurden wie ein Leitmotiv behandelt und tauchten als leuchtende Kupferarkaden oder als Einfassungen von Objekten und Kuppeln wieder auf. Damit hatte man auf der BREMEN zur Seefahrt-Atmosphäre zurückgefunden, die sich deutlich von dem behaglichen Komfort der englischen Schiffe, dem plüschi-

Wie eine Skulptur in freier Natur wirkt dieses ganz aus Holz, Glas und Stahl gestaltete Gebäude in der Nähe des Hafens Guilvinec in der Bretagne. Die gleich einem Schiffsbug spitz zulaufenden Linien stammen von dem Architekten Christophe Ducharme (oben).

In Saint-Barthélémy liegt diese Villa wie ein Passagierdampfer vor Anker (links).

Man wähnt sich auf dem Oberdeck eines Passagierschiffes: Das Wohnzimmer dieses Domizils in Noirmoutier liegt mit dem runden Pool auf gleicher Ebene. Ein Steingarten schützt das Ensemble vor widrigen Winden (rechte Seite).

gen Kino-Stil der Italiener oder dem Ambiente eines Grandhotel-Foyers der New Yorker Liner unterschied.«[6]

Auf den ersten Blick schien es nicht die Hauptsorge der Inneneinrichter der NORMANDIE gewesen zu sein, an Bord des legendären Passagierdampfers ein maritimes Flair zu schaffen. Die Compagnie Générale Transatlantique hatte vier Architekten berufen, um das Interieur des herrlichen, 310 Meter langen, bei Penhoët gebauten »Ungetüms« zu entwerfen. Das Zweiergespann Roger-Henri Expert und Richard Bouwens widmete sich vornehmlich den großen Räumlichkeiten, während Pierre Patout und Henri Pacon, die sich bereits auf der ÎLE DE FRANCE bewährt hatten, das Foyer und den Speisesaal konzipierten sowie den Plan für die Kapelle, das Schwimmbad und den Treppenaufgang entwarfen.

Louis-René Vian, einer der französischen Experten des Passagierschiff-Stils, hat der NORMANDIE in seinem Werk *Arts décoratifs à bord des paquebots français*[7] ein langes Kapitel gewidmet und beschreibt sie als ein wahres Meisterstück. Der große Gesellschaftssaal zog sich über zwei Decks und bot mit seinen zehn Fenstern von sechs Meter Höhe einen zauberhaften Blick über das Promenadendeck auf das Meer. Der von Marc Simon gestaltete, in schwarzem Marmor, Kunstleder und Chrom glänzende *Grill Room* war nur durch die 17 Panoramascheiben von einer großen Terrasse getrennt. Die beiden Luxussuiten »Deauville« und »Trouville« verfügten gar über große private »Balkone«. In den »regulären« Kabinen der Ersten Klasse kamen unterschiedliche Stile zum Tragen. Zwar hatte die Technik-Kommission für Stahlbau anlässlich der Herbstmesse von 1934 die Architekten Barbe, Gascoin, Herbst und Mallet-Stevens zum Entwurf von Passagierschiff-Kabinen angehalten. Merkwürdigerweise aber war die Compagnie Générale Transatlantique nicht an diesen Prototypen interessiert, sondern betraute Blanche Klotz und Lucie Renaudot mit dem Design einiger High-Tech-Kabinen in Edelstahl.

Der aufsehenste Raum der NORMANDIE war zweifellos der Speisesaal Erster Klasse. Auf der Fläche von 1000 m² fanden 700 Gäste Platz. Der acht Meter hohe Raum war zentral gelegen und hatte keine Verbindung nach

Ein idealer Platz für Mußestunden mit Seeblick: Teak-Liegestühle für Sonnenanbeter am Fort von Le Croisic (oben).

Auch die Kinder sollten an Bord ihren Spaß haben (unten).

Werbeplakat von René Gruau (1961): Er wusste, wie man mit wenigen Strichen eine schöne Dame portraitierte (rechte Seite).

relax...
Compagnie Maritime des
CHARGEURS REUNIS

Dieser Hotelflur ist in Form und Farbgebung den engen Gängen der großen Passagierschiffe nachempfunden worden (linke Seite).

Zwei zweckmäßig eingerichtete Badezimmer: Die beiden Duschen sind durch Flügeltüren aus lackierter Eiche getrennt. In Dinard war es ein Bootsbauer, der den Fußboden und die Untertische der Waschbecken des Bades in Teak ausführte und eine schlichte Einfassung aus Granit konzipierte (oben und rechts).

In dem von Holz dominierten Hotelzimmer am Cap Ferret ist dem Gast unweigerlich wie in der Luxuskabine eines Passagierdampfers zu Mute. Das Schilfgeflecht auf dem Fußboden verhilft dem Raum zu einer gewissen Modernität.

fort, »gab es in den Bädern nicht nur Süßwasser, sondern auch fließend heißes und kaltes Seewasser. Dazu standen zwei Seifen mit dem Monogramm der Reederei zu Auswahl: die eine für Süß-, die andere für Salzwasser. Das Mobiliar war perfekt auf die Bedürfnisse auf See abgestimmt und leistete selbst bei Schwerwetter gute Dienste. Die geöffneten Schranktüren ließen sich bei 90 Grad feststellen, sodass sie den Passagieren bei Seegang nicht vor der Nase zuschlugen. Die Schrankbretter und der Nachttisch waren mit hoch stehenden Leisten eingefasst, damit Seidenhemd, Perlenkollier oder Parfum-Flakon nicht herunterrutschten ...«

Der Kriegsausbruch im Jahre 1939 bedeutete das Ende der glorreichen Karriere der NORMANDIE. Nach der Niederlage Frankreichs wurde das Schiff von den USA beschlagnahmt und der US-Army unterstellt. Noch auf der New Yorker Werft, während der Umbauarbeiten zum Truppentransporter, brach an Bord ein Feuer aus. Die Unmengen von Löschwasser ließen die NORMANDIE am Kai sinken. Das Schiff wurde wieder flottgemacht, konnte jedoch der endgültigen Verschrottung 1946 nicht entgehen. Bald gab es neue Passagierschiffe, die auch wieder von anderen abgelöst wurden. Das traurige Schicksal der NORMANDIE aber schien den Niedergang der ganzen Zunft bereits eingeläutet zu haben ...

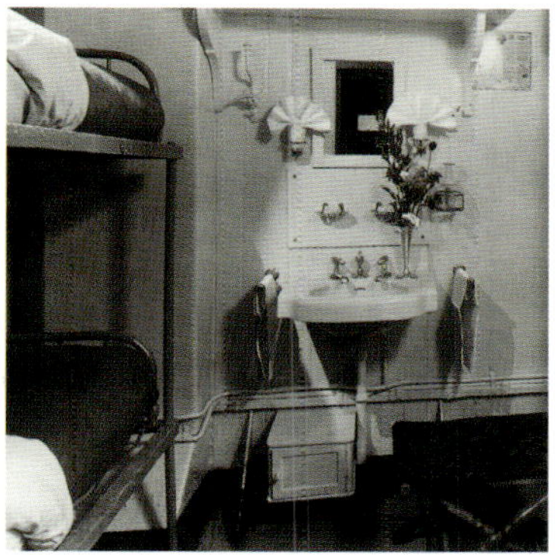

Blick in eine Kabine der Dritten Klasse an Bord eines Passagierschiffes, 1934 (oben).

Entwurf von Mallet-Stevens für eine Kabine der Dritten Klasse, ausgestellt beim 9. Salon Nautique International 1935 (unten).

Der Stil der Passagierschiffe hat alle großen Architekten angeregt – speziell sei hier Charles-Edouard Jeanneret-Gris aufgeführt, der sich Le Corbusier nannte. Anfang der 20er-Jahre veröffentlichte er in der Zeitschrift *L'Esprit nouveau* eine ganze Serie von Artikeln. 1923 wurden die Texte zu dem Essay *Ausblick auf eine Architektur*[8] zusammengefasst und gerieten zu einem Manifest und Plädoyer für die Architektur als Ausdruck ihrer Zeit. Le Corbusier bezog sich darin vielfach auf industriell gefertigte Produkte und widmete ein ganzes Kapitel den großen Passagierschiffen. Seine Ansichten illustrierte er mit zahlreichen Fotografien. Was ihn an den Schiffen interessierte, war jedoch weniger ihr Stil als das Zusammenwirken von Masse und Volumen, den Oberflächen und dem Licht. So bewunderte Le Corbusier beispielsweise die zur See hinaus orientierte Bar der AQUITANIA: »Eine Wand ganz aus Fenstern, ein Saal voller Helligkeit. Welcher Gegensatz zu den Fenstern unserer Häuser, die eine Wand durchlöchern und zu jeder Seite eine Schattenzone schaffen, die den Raum traurig macht und die Helligkeit so hart erscheinen lässt, dass man auf Vorhänge nicht verzichten kann, um das Licht zu zähmen und zu dämpfen.«

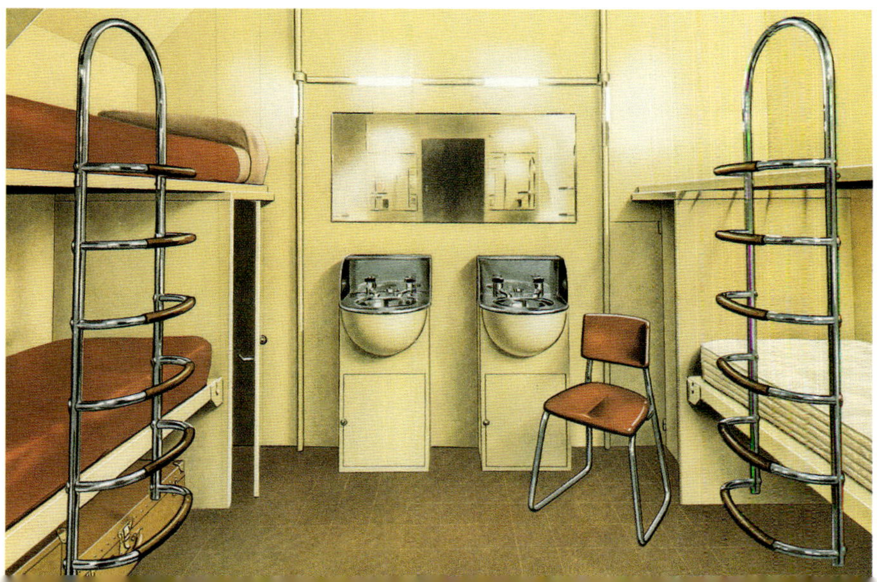

Auf dem Land, in der Bretagne, überraschen uns die runden, weichen Formen des mit rötlicher Zeder verschalten Gebäudes. Seine klaren Linien werden durch die Strukturen der Holzplanken und des Zinkdaches betont (folgende Doppelseite).

Es gibt unzählige Beispiele in der Architektur, die den Einfluss der Metaphorik der »schwimmenden Paläste« auf die Architektur belegen: etwa das 1930er-Jahre-Gebäude von Patout am Boulevard Brune, das an einen Passagierdampfer gemahnt, oder das kleine Kasino am Strand von Dinard, das zu schwimmen scheint. Ein typisches Gebäude der 30er-Jahre ist auch das von Alvar Aalto entworfene Sanatorium in Paimio mit seinen langen schiffsgängeartigen Fluren inmitten eines Meeres von Tannen. Der berühmte finnische Architekt machte die Kur zu einer langen Kreuzfahrt … So eine Andeutung verwendete Mitte der 1970er-Jahre auch Jean Nouvel beim Bau des Krankenhauses von Bezons, das ihm zu großem Ruhm verhalf. »Die langen, rhythmisch angeordneten Horizontalen verleihen dem Gebäude so etwas wie eine *streamline*, eine Stromlinienform«, erklärt Olivier Boissière.[9] »Das Klinikum setzt Öffnungen wie Schiffsluken in Szene, andere Formen gemahnen an Masten oder Schiffsgänge; die Krankenzimmer wirken mit ihrer von Edelstahl und Holz geprägten Einrichtung so gastlich und funktionell wie die Kabinen eines Passagierschiffes.« Andere Gebäude jüngeren Datums wollen offensichtlich imposantere Aspekte der Transatlantik-Schifffahrt vor Augen führen, beispielsweise das Zentrum für Wissenschaft und Technologie in Amsterdam von Renzo Piano. Der Bau erhebt sich gen Himmel wie ein mit Kupfer beschlagener Bug eines Frachters oder Passagierdampfers. Für Deutschland wäre hier der Ungers-Bau des Alfred-Wegener-Instituts in Bremerhaven zu zitieren.

Absurd wäre die Behauptung, die zeitgenössische Architektur ließe den Passagierschiff-Stil wieder aufleben. Sie lässt sich manchmal davon inspirieren, doch häufiger noch erfindet sie den Ausdruck neu. In gewisser Weise folgt sie den Prinzipien von Le Corbusier, die er vor 50 Jahren angesichts des Unterwasserschiffes der LAMORICIÈRE entwickelte: »Neue Architekturformen, auf den Menschen zugeschnittene Elemente, von großzügiger und intimer Wirkung, Befreiung von den Stilen, an denen man erstickt, Gegensatz zwischen vollen und leeren Flächen, zwischen kompakter Masse und anmutigen Elementen.«[10]

Die Speisekarte vom Abendessen des 5. Juli 1890 an Bord der CYRNOS *auf der Fahrt nach Korsika (oben).*

Im Oktober 1931 fuhr das französische Passagierschiff ATLANTIQUE *erstmals nach Südamerika. Im Vordergrund eine Skulptur von Raymond Révoire, die den großen Gesellschaftssaal schmückte (links unten).*

Hier fühlt man sich wirklich wie an Deck eines Luxusliners! Die große Fensterfront zur Seeseite lässt die nüchterne, durch Holz und Stahl bestimmte Architektur dieses flandrischen Wohnhauses in Erscheinung treten (rechte Seite).

SUPPER
TOAST
COFFEE

Im Jahre 1875 heuerte der 18 Jahre alte amerikanische Matrose Franck Bullen auf dem Walfänger LE CACHELOT unter dem Kommando von Kapitän Slocum an. Dies war nicht seine erste Reise, Bullen fuhr bereits seit dem 13. Lebensjahr zur See. Aber es sollte seine erste lange Fahrt werden. Sie führte ihn kreuz und quer über den Atlantik und dauerte 40 Monate.

In *La Croisière du* CACHELOT[1] erzählt Bullen vom schier endlosen Warten auf die Tiere, von den gefährlichen Verfolgungsjagden der Harpuniers in ihren Schaluppen und den langen und anstrengenden Stunden des Zerlegens der Beute. Er beschreibt auch die Freizeitbeschäftigung der Seeleute, und vor allem das »scrimshaw«, also die feine, künstlerische Bearbeitung des Elfenbeins von Walzähnen, die natürlich vornehmlich auf den Walfang-Schiffen anzutreffen war: »Dem Zerlegen des Pottwals, den wir vor Trinidad gefangen hatten, [...] folgte das Zersägen des riesigen Unterkiefers. Dieser stand nun allen zur Verfügung, die ein Stück Knochen für Schnitzarbeiten begehrten. [...] Unser Schiffszimmermann war ein Meister der Kunst. Er machte sich sofort ans Werk und schnitzte einen dieser Spazierstöcke, die wie ein geschlagenes Tau aussahen. In den Knauf aus Walzahn wurden bisweilen Verzierungen aus Fischbein, Silber, Kokosnuss oder Ebenholz eingelassen.« Der Begriff des »scrimshaw« beinhaltete die Herstellung von Objekten aus Fischbein, Stoßzähnen, Knochen oder Zähnen von Walen und Walrössern sowie die Gegenstände selbst. Nach Meinung Stuart M. Francks, Direktor des Kendall Whaling Museums in Sharon, Massachussetts, einem weltweit anerkannten Experten dieser Volkskunst, stammen die ersten Schnitzereien von Bord der Walfang-Schiffe des 17. Jahrhunderts.[2] Aus jener Zeit kennt man einige Spieluhren holländischen und friesischen Ursprungs sowie zwei identische, reich verzierte Schatullen, die wohl im Jahre 1641 von einem Kapitän aus Rotterdam geschnitzt wurden.

Im 18. Jahrhundert stellten die Seeleute vornehmlich kleinere Gegenstände für den häuslichen Gebrauch her. Aus Walknochen entstanden

Ein Segelschiff als Wetterfahne, im Hintergrund der Leuchtturm Gros-Cap in Quebec (oben).

Bretonische Weihgabe, Arbeit eines anonymen Künstlers aus dem 15. Jahrhundert (links unten).

Dieses Restaurant in La Rochelle ist einem Fischkutter nachempfunden. Hier genießt der Gast Meeresfrüchte und maritimes Ambiente (rechte Seite).

Feinste Schmuckstücke von Bord der englischen LAPWING. *Der Markör ist aus einem Walrosszahn gearbeitet; neben den Uniformknöpfen aus Elfenbein beeindrucken wertvolle Pergamente aus dem Jahre 1762 (vorhergehende Seiten).*

MESSAGERIES
MARITIMES
INDE
INDOCHINE
EXTRÊME-
ORIENT
AFRIQUE
ORIENTALE
MADAGASCAR

AU BON VIN

Feinste Elfenbeinschnitzerei aus dem 18. Jahrhundert: ein Federhalter für das hölzerne Tintenfass im Hintergrund (oben).

Ein Blick in das Schaufenster in Saint-Roman zeigt Netze, Tauwerk, Petroleumlampen und Schiffsmodelle. Die maritimen Requisiten sind seit jeher die gleichen (rechts).

Das braune Segel der alten Fischerschaluppe wurde mit Lakritze gefärbt. Das Extrakt der afrikanischen Süßholzwurzel diente der Tuchimprägnierung (folgende Doppelseite).

wären, doch für so etwas fehlte an Bord dann doch das Gespür. Die Arbeit war sehr zeitaufwendig, vor allem das Polieren mit Öl und, wenn vorhanden, mit Weißmetall, ansonsten behalf man sich mit gemahlenem Bimsstein.«[4]

Fremdländische Kaufleute kamen zum Erwerb von Porzellan nach China.

Wie die Überreste der abgezogenen und ausgeweideten Meeressäuger waren auch die Kadaver von Seevögeln bei den Matrosen sehr gefragt. Nicht einmal eine Lady Brassey zögerte, während ihrer Weltumsegelung diesem originellen Zeitvertreib, dem Kunsthandwerk der Seeleute nachzugehen: »Während des windfreien Wetters bildete das Einfangen von Kaptauben, Kaphühnern, Möwen und Albatrossen unser hauptsächlichstes Vergnügen. Wir fingen dieselben mit Haken und Angelschnur, und viele verwickelten sich auch in die Schnüre, welche man zu diesem Zweck am Hintersteven des Schiffes schwimmen ließ. Die Kaptauben waren so zutraulich, dass sie fast freiwillig an Bord kamen, und viele wurden in Schmetterlingsnetzen gefangen. Ihr Gefieder ist ähnlich dem Grebes (eine Art Eisvogel), und ich denke, Verschiedenes aus demselben anfertigen zu lassen. Sehr gern möchte ich in den Besitz eines Albatrosses gelangen, um aus seinen Schwimmhäuten Tabaksbeutel und aus seinen Flügelknochen Pfeifenrohre arbeiten zu lassen.«[5] Bei ihrer Aufzählung vergaß Lady Brassey, dass sich die Schnäbel hervorragend als originelle und sehr belastbare Kleiderhaken eigneten, und die einfachen Federn als Kissenfüllung und die Schwungfedern der Flügel als Staubwedel zu nutzen waren. Außerdem verwendete man die äußerst fetthaltige Haut vom Bauch zur Imprägnierung der Stiefel; der obere Knochen des Flügels hatte die ideale Form für Brieföffner.

»Da gab es Männer, die an Bord zeichneten oder mit oft primitiven Mitteln malten, andere gravierten Bilder in Ebenholz, in Knochen, Elfenbein, Kupfer oder Walbarten. Wieder andere liehen sich Werkzeug vom Schiffszimmermann, dem »Blaubüdel«, soweit sie nicht einiges selbst besaßen, und fertigten kleine Kästchen, Schränkchen, Bänke, Böcke oder andere Kleinmöbel an, entweder für sich an Bord oder für die Angehörigen in der

Matrosen der Marine Anfang des 20. Jahrhunderts beim Deckschrubben.

Heimat. Näh- und Tabakkästchen waren beliebte Geschenke. [...] Auch Garnwickelgeräte, Schreibkästchen mit und ohne Tintenfass, Frisiertoiletten mit Spiegel, Werkzeug für alle möglichen Zwecke – die in früheren Zeiten von Handwerkern angefertigt wurden – entstanden unter den Händen einer Segelschiffsbesatzung oft in sehr kunstvoller Ausführung.«[6]

Hatten die Matrosen sehr viel wachfreie Zeit, zeigten sie eine deutliche Vorliebe für den Bau von Schiffsmodellen. Nach Jean Randier in *Nautische Antiquitäten*[7] waren diese alle ähnlich groß, das heißt nie mehr als einen Meter lang. So hatten sie in der Wäschekiste Platz, welche die Seeleute längs zwischen Bordwand und Koje stauten. Die meisten Männer auf langer Fahrt bauten die Modelle ohne Plan oder Vorlage und benutzten dafür oft nur ein gut geschärftes Messer, gegebenenfalls ein Stecheisen, und Schleifpapier. Die Seeleute verarbeiteten kleinere Stücke weichen Holzes, ein wenig Blei, je nach Bedarf dickere oder dünne Schnur und Farb- und Lackreste, die an Bord aufzutreiben waren ... Wenn das Wetter es erlaubte, wurde an Deck gearbeitet. Von Tag zu Tag nahmen die Schiffsmodelle langsam Form an. Die mühsamste Arbeit bestand im Schnitzen des Rumpfes aus einem größeren Holzblock. Danach ging es um die »Produktion« von Dutzenden oder gar Hunderten winziger Blöcke, um das möglichst akkurate Bemessen der Rahen, das Platzieren eines Kupferdrahtes als Ankertrosse, das Anbringen der Wanten, Fallen und Schoten und schließlich um das Anfertigen der Segel aus Papier, denn das Baumwolltuch, das man an Bord bekam, war viel zu schwer und zu steif. Diese ganzen Teile zusammenzufügen erforderte

Matrosen an Deck des Kreuzers DESAIX. Étienne-Prosper Berne-Bellecour, 1884 (oben).

Hinweisschild auf den Verkauf von Angelködern an einem See in Amerika (links).

Die Vorbilder dieser mit Abziehbildern verzierten Köderkästchen stammen von amerikanischen Schiffen (links unten).

Dieses Modell eines »coble«, eines flachen, an der englischen Nord- und Ostküste in der Fischerei üblichen Bilgekielers, stammt von einem französischen Seemann (rechte Seite).

URPRISE
66
ELIZA

ebenso viel Präzision wie Geduld. Nach Jean Randier waren die Modelle oftmals maßstab- und detailgetreue Nachbauten jener Schiffe, auf denen die Seeleute zur See fuhren. Der strenge Blick und die Kommentare der Kameraden förderten die exakte Ausführung.

Die größte Bewunderung riefen allerdings die Flaschenschiffe hervor, die seit dem 18. Jahrhundert gebaut wurden. Die Besonderheit dieser Konstruktion bestand darin, dass ein mehr oder weniger kleines und exakt bemessenes Schiffsmodell mit verblüffendem Fingerspitzengefühl durch den Flaschenhals geschoben werden musste. Zu diesem Zweck ließ sich das Rigg des Miniaturmodells bis auf das Deck hinunterklappen. Für das Wasser wurde Kitt in die Flasche gedrückt und mit Spateln bearbeitet. Vor dem Durchhärten setzte der Matrose das Schiff vorsichtig hinein und richtete wiederum mit Spateln das Rigg auf, spannte die Stagen und »trimmte« die Segel. Befand sich alles auf seinem Platz, wurde die Flasche mit einem Korken verschlossen. Ein Wachssiegel sollte jeglichen Luftaustausch verhindern.

Es wurden auch Halbmodelle geschnitzt, auf eine dünne Fichtenplatte aufgebracht und wie ein Diorama präsentiert. Der hellblau gemalte Hintergrund diente als Himmel, an dem über der Küste einige Cumuluswolken aufstiegen. Davor wurden die Masten genagelt, während die Segel aus Papier, Kupferfolie oder hauchdünnen Holzblättern frei hingen, sodass der Betrachter die Illusion vom Wind gefüllter Tücher haben konnte. Die plastische Darstellung des Wassers wurde durch blau oder grau bemaltem, zu Wellen modelliertem Kitt erreicht. Im Vordergrund befand sich oftmals noch ein kleineres Boot, welches den naturgetreuen Charakter der Szene betonte. In Holz gerahmt und mit einer Glasscheibe versehen, wurde aus dem Ganzen ein richtiges Schaustück.

Noch in den letzten Jahren der Fischerei unter Segeln verbrachten die Seeleute ihre wachfreie Zeit mit der Herstellung nützlicher wie dekorativer Gegenstände. Paul Groisard, der in

Eine Harmonie verschiedener Blautöne ziert den kleinen Innenhof (oben).

»Seeleute bei einer Sauftour« ist eines der Themen, die in der Nachkriegszeit in kleinen volkstümlichen Skulpturen verarbeitet wurden. Manchmal dienten sie als Buchstütze und heute tauchen sie bei Haushaltsauflösungen wieder auf (links).

In einem Hotel in Bois-Plage-en-Ré prankt unter dem Bild des fröhlichen Matrosen aus den 1920er-Jahren das stattliche Modell eines Langustenfängers (linke Seite).

Ähnlich der Votivbilder veranschaulichten auch die an Land gefertigten Schiffsmodelle der Seeleute auf Urlaub oder in Rente eigene Erfahrungen und Erlebnisse. Die Ungewöhnlichsten sind sicherlich jene der Elfenbeinschnitzer in Dieppe, die winzige Modelle von anmutiger Detailtreue fertigten, welche mehr feinen Goldschmiedearbeiten denn den traditionellen Modellen gleichkamen. Als Napoleon Bonaparte mit seiner Joséphine nach Dieppe kam, schenkte man ihm eine elfenbeinerne Tabaksdose mit einer gravierten Darstellung der Schlacht von Marengo. Die zukünftige Kaiserin erhielt ein Elfenbein-Modell von einem Schiff mit 74 Kanonen.

Während des Liegens in den Kalmen entstandenes Diorama der BONCHAMPS, *um 1930 (oben).*

Mit Modellschiffen spielende Kinder am Strand. Postkarte, um 1910 (links unten).

Korvette des Ersten Kaiserreiches, gefertigt durch einen Sträfling eines Gefängnisschiffes, frühes 19. Jahrhundert (rechts unten).

Im Speisesaal eines Hotels in Bois-Plage-en-Ré: Der Metallguss, das Modellschiff und das große Gemälde von den Salinen sind zu einem maritimen Ensemble vereint (rechte Seite).

Beim Bau von Schiffsmodellen kam bereits der Wahl des Materials eine bestimmte Bedeutung zu. Doch nach Meinung François Renaults, einem der besten zeitgenössischen maritimen Modellbauer, erforderte sein Metier in erster Linie einen geschärften Blick und leidenschaftliche Neugier: »Jeder Modellbauer, der etwas auf sich hält, ist ständig und überall auf der Suche nach einem geeigneten Stück Holz. […] Vor vielen Jahren bildete ein Tablett aus wertvollen Hölzern, das meine Eltern als Hochzeitsgeschenk erhielten, den Grundstock meiner Materialsammlung – ich musste das rötlich schimmernde Holz einfach verwenden! Später bereicherte das Holz einer ramponierten Geige, die ich bei einem Trödler auftrieb, meinen Bestand. So manches Mal habe ich auch mit einem wunderschönen kleinen Tisch aus dem Familienbestand geliebäugelt: Die Maserung des Fichtenholzes gemahnte an einen Schiffsgang in Miniaturausgabe …«[10]

Ein weiteres Urgestein der Handelsmarine war Arthur Ollive, der im Alter von zwölf Jahren sein erstes Schiffsmodell baute. Seit seiner Pensionierung arbeitete er ganz als Modellbauer. Von seinen Reisen auf großer Fahrt hatte er immer ganz unterschiedliche Hölzer mitgebracht: Zedernholz aus Marokko, aus Gabun Ebenholz oder Ahorn, eben alles, was sich für die Herstellung von Modellrümpfen

CC 345

Maritime Handarbeit einmal anders: ein kleiner, mit bunten Perlen bestickter Beutel aus dem 19. Jahrhundert (oben).

Während eines Flottenmanövers im Mittelmeer, 1919 (unten).

Schätze der Seefahrt in einem Antiquitätengeschäft vereint: Dioramen, Votiv-Arbeiten, Schiffsmodelle, Knotentafeln, Seestücke … (linke Seite).

eignete. Für das Rigg verwendete er Oregon-Fichte, zum Schnitzen von Blöcken und Verzierungen Buchsbaum und Buchenholz für die Beplankung. Er besaß zwar eine große Auswahl an Materialien, aber sein Werkzeug war ebenso schlicht wie das der Seeleute an Bord: »Für die Bearbeitung des Holzes benutzte ich ganz einfaches Werkzeug: eine Feile, eine Säge, einen Hobel, einen Handbohrer … Am liebsten aber arbeitete ich mit einem Skalpell, so ein altes Modell mit einer festen Klinge. So etwas findet man kaum noch, denn heute gibt es praktisch nur noch welche mit auswechselbaren Klingen … Die eignen sich nicht besonders für meine Zwecke! Natürlich mussten all diese Werkzeuge immer gut geschliffen sein.«[11]

Verschiedene Arbeiten von François Renault und Arthur Ollive wurden neben anderen Schiffsmodellen der vergangenen Jahrhunderte in die Sammlungen französischer Museen aufgenommen. Bereits in der Antike wurden Schiffsmodelle angefertigt. Bei Ausgrabungen stieß man auf winzige Modelle phönizischer Barken, und auch im Grab von Tutanchamun wurden zahlreiche Miniaturschiffe entdeckt. Zur Zeit, da Carter die Grabstätte des jungen Pharaos öffnete, fand sich in einem Rotterdamer Museum eine Votivgabe der Renaissance wieder. Dieses Modell einer Karavelle ähnelte den Schiffen von Christoph Kolumbus und war vor langer Zeit aus einem Altarraum in Katalonien verschwunden.

Die kleinen Schiffsmodelle der Vergangenheit haben wertvolle Informationen für Archäologen und Historiker geliefert. Tatsächlich fand der Schiffbau bis ins 17. Jahrhundert ohne Pläne und Zeichnungen statt. Nach Festlegung der Grunddaten wie der Länge und Breite, des Tiefgangs und des Ladevolumens arbeiteten Bootsbauer und Zimmerleute mit Instinkt, Augenmaß und Daumenpeilung. Die wirkliche Konstruktion von Schiffen nahm erst unter Ludwig XIV. ihren Anfang, als nämlich Colbert die Schiffe des Königreiches inventarisierte und ein Album mit den Seitenansichten und den jeweiligen Hauptmerkmalen der Schiffe anlegen ließ. Zur gleichen Zeit begannen die Gelehrten, den Antrieb von Schiffen wissenschaftlich zu untersuchen, und es wurden erste Pläne für den Bau späterer Schiffe skizziert. Da der Sonnenkönig aber nur ein mäßiges Interesse an

Die Seefahrer-Kapelle wurde im späten 17. Jahrhundert in einem Park von Saint-Malo erbaut (rechte Seite).

Schiffen besaß, ließ Colbert eine Reihe von Modellschiffen bauen, die in Versailles vor den Augen des Hofstaates im Grand Canal »probegesegelt« wurden. Diese prachtvollen Modelle aus den Arsenalen füllen noch heute die Marinemuseen.

Nach Aussage Jean Randiers[12] ist »der Rumpf genau wie ein richtiger Rumpf gebaut, mit Vorsteven, Kniestück, Kiel, Gegenkiel, Achtersteven, Mittelachsspant, Heckwerk, Judasohren, Stringern und Decksbalken.« Die Verbindungen waren nicht fest verbolzt, sodass man den Körper zu Studienzwecken öffnen konnte. »Es gibt aber auch Modelle, die die Inneneinrichtung zeigen sollen, und hier ist dann alles vorhanden: Fässer im Laderaum, Ketten und Reserveanker, Pulverkammern, Lasten, Waffen, Mobilar. [...] Einige Modelle dienten zur Ansicht der Raumaufteilung. Sie waren komplett eingerichtet und mit Tonnen im Laderaum, Trossen, Ersatzanker, Ballast, Bewaffnung, Schießpulver, Möbeln usw. ausgerüstet. [...] Diese großen Modelle sind nicht nur für die Zimmerleute und Takler betimmt, damit sie verstehen, was ihnen die Konstrukteure sagen wollen, sie dienen auch zur Ausbildung der Offiziere.«

Die Ketsch GASTON *war ein Heringsfischer. Seemannsarbeit aus dem 19. Jahrhundert.*

Die Modelle aus den Arsenalen wurden dank des Hofes populär und kamen buchstäblich in Mode. Sie schmückten die Kaminsimse der Mächtigen im Königreich, welche nicht selten um die besonders sorgfältig gebauten Modelle der Compagnie des Indes in Streit gerieten. Spielzeug für die einen, Dekoration für die anderen – Schiffsmodelle waren bis Anfang des 20. Jahrhunderts allseits beliebt. Die Werften begannen damit, zu Ehren

Das Votiv-Bild von 1650 zeigt eine Seeschlacht maltesischer Schiffe gegen türkische Galeeren (links oben).

Anonymes Weihbild aus dem Jahre 1790. Es zeigt die FILS UNIQUE *aus Bordeaux in Seenot (unten).*

EX VOTO

Aimable Louise
VIRTUS ET SPES
NAUFRAGE DU PETIT-FLORENT
SARDINES
la marine à voile
dictionnaire encyclopédique
arthaud
LA VOILE
J. P.
SAUVETEURS

Maritime Kostbarkeiten. Das aufgeschlagene Buch enthält Illustrationen von Mathurin Méheut. Daneben finden sich Halbmodelle, Weihbilder, alte Rettungsringe … (linke Seite).

Weihbilder wie dieses vom Untergang des Lotsenkutters UNION *aus Saint-Malo im Jahre 1885 illustrieren wahre Erlebnisse (links oben).*

Nachbildung des Stapellaufs der VIRTUS ET SPES*, eines Fischerbootes aus Trévignon (rechts oben).*

Modell eines Rettungskreuzers (rechts).

der Reeder Modelle ihrer bereits vom Stapel gelaufenen Schiffe anzufertigen. Mit den Ausführungen wurden geschickte Handwerker aus dem Millieu der Connaisseure, also der maritimen »Szene« beauftragt, denn das Modell war im Allgemeinen bis ins kleinste Detail getreu die perfekte Kopie des Originals.

Da waren die Halbmodelle weniger extravagant und vor allem leichter zu bauen. Sie dienten ursprünglich der Veranschaulichung von Konstruktionsüberlegungen in einem verkleinerten Maßstab, bevor der Bau des Originals in Angriff genommen wurde. Die meisten Bootsbauer zogen dieses direkte »Modellieren« dem Zeichnen eines dreidimensionalen Risses vor. Für ein Halbmodell wird ein längs der Mittelachse geteilter, verkleinerter Rumpf aus mehreren, durch zwei Bolzen zusammengehaltenen Brettern herausgehauen und -geschnitzt. Ist die Form fertig, werden die Bolzen herausgezogen, damit die einzelnen Platten ausgemessen und daraus die Ebenen des Schiffes entwickelt werden können.

Die Fertigung von Halbmodellen zu rein dekorativen Zwecken folgt natürlich einer anderen Logik. Dort sind die Formen bereits in einer Zeichnung festgelegt, und das kreative Verfahren läuft umgekehrt. Die Bretter, die verschiedenen Ebenen parallel zur Wasserlinie entsprechen, werden zusammengefügt und -geklebt, mit dem Stecheisen bearbeitet und schließlich glatt geschliffen. Danach erfolgt eine Behandlung mit nach Geschmack und Bedarf getönter Beize, der Feinschliff und schließlich eine dünne Schicht Öl oder Lack, die aus den kleinen Modellen edle Kunstwerke werden lässt.

So mancher Yachtclub kann eine ganze Sammlung vorweisen. Und so mancher Skipper sucht beim Halbmodell des eigenen Schiffes Trost. Das Betrachten und das zärtliche Betasten mit den Fingerspitzen sind beinahe so schön, als würde man tatsächlich die Leinen loswerfen ...

Dekoratives Arrangement eines Alabaster-Modells und ausgewählter Muscheln auf der Marmorplatte eines Frisiertisches (oben).

Halbmodell der SINBAD aus dem Jahre 1885 (links oben).

Erst wenn die Farbe auf der Werkbank getrocknet ist, wird die Miniatur-Fischerhütte in ein Weihbild eingepasst (linke Seite).

Ein ehemaliges Fischerboot diente den Männern am Strand von Étretat als Schutzhütte (rechts).

Am Strand

Hölzerne Badekabinen, bemalte Kieselsteine, gestreifte Stoffe,

Treibholz – all diese Dinge findet man an der See,

und sie tragen zu maritimem Flair und Fernwehstimmung bei.

1891 unternahm der bekannte Pariser Journalist und Zeichner Mars eine lange Reise entlang der Kanal- und der Nordseeküste. Die Zeitschrift *L'Illustration* hatte ihn beauftragt, über eine neue Mode zu berichten. Thema: die Seebäder. Mit Notiz- und Skizzenblock ausgerüstet, unternahm der Reporter das, was man heute als eine »Tour durch die Lande« bezeichnen würde.

Seine Reportage, die am 4. Juli unter dem Titel *Comment on se baigne*, in der Übersetzung *Baden an der See*, erschien, gibt uns recht detailliert Aufschluss über die Badegewohnheiten im ausgehenden 19. Jahrhundert. So berichtet Mars etwa aus der Normandie, wo sich einige »Snobs« mit von Pferden gezogenen Badekarren bis zum Wasser bringen ließen. Was hier als extravagant galt, war dort durchaus üblich, und zwar sowohl in Frankreich, als auch in Belgien, Holland und England. [...] In Trégastel war die Benutzung der Kabinen nur den Damen und den Geistlichen erlaubt. Allerdings waren die Einrichtungen auch an ein großes, von Nonnen geführtes Hotel angegliedert, in dessen Eingangshalle die Gäste durch ein Schild informiert wurden, dass ein Klingelzeichen sie in den Genuss aller erdenklichen Dienstleistungen bringen würde. [...] In Granville und Trestaou waren die Umkleidekabinen zwischen den Felsen abgestellt und wurden bei Bedarf wie Sänften hinunter zum Wasser getragen.

Das von den Engländern »erfundene« Baden im Meer wurde in Frankreich erst zu Beginn des 19. Jahrhunderts eingeführt, und zwar zunächst weder als Freizeitbeschäftigung noch als Sport, sondern als rein therapeutische Maßnahme. Bestimmte Ärzte sprachen nämlich dem salz- und jodhaltigen Wasser heilende Kräfte bei diversen Beschwerden von der Sterilität über die Hypochondrie und den chronischen Husten bis hin zum nervösen Asthma zu. In verschiedenen Küstenorten wurden daraufhin »Bade-Anstalten« gebaut, wo warme und kalte Salz- und Süßwasserbäder und später, als Vorläufer der Thalassotherapie, auch Algenpackungen verabreicht wurden.

Das Baden im Meer, auch »Wellenbaden« genannt, blieb bis 1850 die Ausnahme. Königin Hortense erregte großes Aufsehen, als sie 1813 die

Krabbenfischerin um 1898 (oben).

Die Wasserskifahrerin aus Bronze scheint über die Fensterbank jener bretonischen Villa in Trebeurden zu rauschen, die hoch oben auf den Granitfelsen über dem Meer thront (linke Seite).

Der Strand von Boulogne-sur-Mer zur Zeit der Badekarren, Anfang des 20. Jahrhunderts (unten).

Leuchttürme, Seevögel, Fischer … – die maritime Lebensart hat eine ganze Produktion von mehr oder weniger geschmackvollen Deko-Artikeln aufgebracht, die sich recht gut verkaufen lassen (vorhergehende Doppelseite).

Werbung für La Belle Jardinière, *ein Geschäft für Freizeitbekleidung, im Juli 1908 (oben).*

Kinder beim Krabbenfischen, um 1910 (unten).

Kühnheit besaß, in den Fluten des Ärmelkanals unterzutauchen. Als dann einige Jahre später Marie-Caroline de Naples, Gräfin von Berry, Gleiches tat, wurde dies nicht als ein einfaches Bad, sondern als eine Sensation angesehen. So erzählt Paul Morand in *Bains de Mer*[1], dass von der Festung ein Kanonenschuss abgegeben wurde, als die Dame 1824 vor Dieppe ins Wasser stieg. Madame Royale missbilligte derartig freizügige Bräuche, denn ihrer Auffassung nach eigneten sich Bäder allein zur Heilung von Epileptikern und Verrückten. Hier die Beschreibung des »Badeanzuges« der jungen Gräfin: »Auf dem Kopf eine Badehaube aus festoniertem Stoff; ein blau gefasstes braunes Wollkleid und ein drei viertel langer Mantel, dazu Stiefel zum Schutz gegen Krebse.« Zwei Bademeister in Paradeuniform standen ihr zur Seite, und beim Eintritt in die Fluten ergriff sie die behandschuhte Hand des »Monsieur l'Inspecteur des Bains« …

1836 begab sich die schöne Madame Schlesinger in Trouville allmorgendlich allein ins Wasser, ganz ohne Zeremonie, aber unter den bewundernden Blicken von Gustave Flaubert: »Ich beobachtete sie aus der Ferne im Wasser: Die friedlichen Wogen liefen gegen ihre Flanken und bedeckten ihre heftig atmende Brust mit Schaum. Ich betrachtete ihre Glieder, die sich unter ihren nassen Kleidern abzeichneten … Und wenn sie dann herauskam und an mir vorbeiging, hörte ich die Tropfen aus ihrer nassen Garderobe fallen … Der halb nackte Körper der Frau verströmte den Geruch der See …«[2]

In den Fußstapfen dieser Pionierinnen entdeckten Aristokraten, Künstler und das Großbürgertum die sandigen Uferstreifen, die sie zu

So ein blau gebeizter Schrank – Schmuckstück eines jeden Ferienhauses – ist den alten Badekabinen nachempfunden (rechts oben).

Das Häuschen auf der Île de Ré ist voller dekorativer Kostbarkeiten. Die maritimen Souvenirs und die Sammlung blau-weißen Porzellans frischen die Stimmung zwischen den blassrosa gestrichenen Wänden auf (rechte Seite).

Leuchttürme – Symbole der Seefahrt. Modelle in unterschiedlichen Umgebungen: oben als ungewöhnliches Arrangement mit einem Strauß aus Heidekraut und Gräsern (in Locquirec); rechts in Verbindung mit einem Modellsegler (in La Baule); und unten rechts hübsch aufgereiht auf den Treppenstufen einer Boutique (Île de Groix).

Maritime Objekte fügen sich in die Harmonie der Farben. Im Wohnzimmer eines Hauses in La-Baule-les-Pins gibt es gedämpfte Pastelltöne auch für das Schiffsmodell, die Fische und die Seestücke … (folgende Doppelseite).

Badestränden umfunktionierten. Gruppenweise reiste man ans Meer und nahm in den aufstrebenden Seebädern Quartier. Zum Schutz gegen die Sonne, die Gischt und indiskrete Blicke wurden an den Stränden Zelte oder Holzverschläge aufgestellt. Natürlich setzte man sich nicht in den Sand, sondern benutzte Klapp- oder Korbstühle, um die im Salon angefangene Konversation fortzuführen. In *Sur la Plage*[3] berichtet der Soziologe Jean-Didier Urbain, dass der Strand von Dieppe mit seinen Badestellen für Frauen wie für Männer seit den 20er-Jahren des 19. Jahrhunderts mit Zelten und Umkleiden aus Segeltuch übersät war. Zuvor gab es bereits die Badekarren am Strand von Travemünde an der Ostsee, in denen die Badegäste hinunter ans Wasser gefahren wurden. Man fragt sich allerdings, was es überhaupt zu verbergen galt: In Dieppe etwa badeten die Herren mit Zylinder, der Oberkörper blieb natürlich bekleidet! In Travemünde erlaubte eine im Badekarren installierte Vorrichtung, dass der Badende im Schutze der Planen in die Fluten tauchen konnte und eine mögliche, angsteinflößende Nähe zu anderen Gästen vermieden wurde …

Auch der Historiker Gabriel Désert[4] betont, dass »das Bad in der See, wie es seit Ausbruch dieser Mode von dem Gros der Sommergäste praktiziert wurde, zum Schutze von Ordnung, Anstand und Sicherheit unter sehr geregelten Umständen verlief.« Außer den Badekarren und den Segeltuchkabinen gab es am Strand Holzverschläge. Einige befanden sich in Privatbesitz, andere waren von den Gemeinden errichtet und wurden monats- oder saisonweise vermietet. Noch heute gibt es in der Normandie und Bretagne Strände, die von einer Reihe dieser weißen, mehr oder weniger geräumigen, mit Nummern versehenen und durch eine Klinse im Dach mit Sonnenlicht versorgten Holzhütten gesäumt sind.

Der Leuchtturm Les Héaux de Bréhat, Modell eines Seemanns aus dem Jahre 1877 (oben).

Pfeffer- und Salzstreuer in Leuchtturm-Form, gesehen bei einem Trödler auf der Île de Ré (rechts oben).

Strandleben in Zandvoort (Niederlande) Anfang des 20. Jahrhunderts (unten).

CHOPIN

Natürlich dienten die Kabinen auch zum Schutz gegen Wind und Wellengischt, doch ihre Hauptaufgabe bestand darin, die Badegäste beim An- und Ausziehen der Badekleidung vor unschicklichen Blicken zu bewahren. In den Anfängen des Badens im Meer mussten sich die Männer, so sie in Anwesenheit von Damen badeten, vom Hals bis zu den Knien bedecken. Die Damen trugen lange Wollhosen, zum Verdecken der Hüften häufig noch ein Röckchen, sowie ein Hemd. Das Haar schützten sie mit einem Strohhut oder einer Art Badekappe aus gewachstem Tuch.

Ab 1850 und mit der Entdeckung und Verbreitung des Schwimmens wandelte sich die Attitüde der Badenden. Nachdem man sich jahrelang nur kurz vom Wasser umspülen ließ, wurde man nun mutiger. Immer mehr Gäste stürzten sich in die Fluten und erlernten unter Aufsicht eines Bademeisters das Schwimmen. Ehemalige Fischer wurden mit der Überwachung der Strände beauftragt und hielten sich am Ufer oder in Ruderbooten mit Wolldecken und Rettungsringen bereit, um in Notfällen zur Hilfe zu eilen. Die Rettungsringe waren die gleichen, die es schon auf den Brücken der Schiffe gab: aus Kork gefertigt, mit weißem, wasserdichtem Stoff bezogen und rundum mit einem Haltetau gesäumt.

Kompositionen aus Fundstücken vom Strand: eine prachtvolle Kugel aus Muscheln und Schnecken (oben) und eine Kette, für die vom Sand geschliffene Scherben aufgezogen wurden (rechts).
Camping als feine Lebensart (unten): Das Feldbett aus Teakholz ist mit gewachstem Stoff bezogen, darüber ein edler Schlafsack aus Seide.

Die ehedem zum Baden verwandte Kleidung eignete sich kaum zum Schwimmen und musste dem Badeanzug weichen, der nicht nur funktioneller, sondern auch eleganter war. In Étretat etablierte sich für Damen und Herren der eng anliegende einteilige Badeanzug. Alle Welt fand plötzlich Gefallen an dem neuen Sport, und nichts erschien reizvoller, als einen Ring umzulegen und am Schwimmunterricht teilzunehmen. Am Strand scharten sich die Zuschauer, die sich nun nicht mehr über allzu freizügige Bade-

Komplementärfarben im Badezimmer eines Hotels: der Holzfußboden in Ochsenblut, die Decke in Grün ... (Seite 145).

anzüge beklagten. Vielleicht empfanden allerdings einige wohlproportionierte Damen ein wenig Scham und scheuten bei all den Blicken, die sich auf ihre eng anliegende Kleidung hefteten, sich ihrer Morgenröcke zu entledigen.

Sehr schnell tauchten die ersten mehrfarbigen Badeanzüge auf. Zwar bevorzugten die Hygieniker weißen Stoff, doch nachdem sich herausgestellt hatte, dass die nassen Badeanzüge durchsichtig wurden, empfahlen sie immerhin gedämpfte Farben. Die Badenden fanden einen Mittelweg: Sie entschieden sich überwiegend für blau-weiß geringelte Anzüge – eine Bademode, die noch lange Bestand haben sollte.

In einem brillanten kleinen Essay[5] zeichnet der Soziologe Michel Pastoureau die Entstehungsgeschichte der »maritimen Streifen« nach. »Mitte des 17. Jahrhunderts tauchten auf französischen und holländischen Seestücken Matrosen in blau-weißen oder rot-weißen, horizontal gestreiften Hemden auf. [...] Diese Streifen haben seitdem überdauert und sich über alle Meere ausgebreitet. Sie haben sowohl in offizielle, repräsentative Bereiche wie auch in unser Unterbewusstsein Eingang gefunden und zählen heute schlicht zum »maritimen Universum«. [...] Im 18. Jahrhundert noch gänzlich unbekannt, traten die Streifen in der ersten Hälfte des 19. Jahrhunderts vereinzelt auf. Bis zum Ende des Zweiten Kaiserreichs kamen gestreifte Stoffe richtig in Mode, um in den darauf folgenden Jahrzehnten weitere Entwicklungen zu durchlaufen. Eugène Boudin etwa liefert aus den Jahren 1858–1860 zahlreiche Zeugnisse dieser Strömung: »Stoff für Zelte und (Liege-)Stühle, Badeanzüge, Damenkleider, die Sonnenschirme junger Mädchen, Kinderkleidung – an der Küste war fast alles gestreift.«

Zwei gewagte, doch sehr gelungene Entwürfe für die Gestaltung von Fußböden. Der hellbraun eingefärbte Zement wurde mit einem Mosaik aus Kieselsteinen und goldenen Emailleplättchen dekoriert (linke Seite). Das alte Holzparkett erhielt ein regelrechtes Kunstwerk, ein mit dem Schwamm aufgetragenes Schablonenbild (oben).

Seit Anfang des 20. Jahrhunderts waren die Strände längst nicht mehr den Abenteuern hoch gestellter Persönlichkeiten vorbehalten. Es kamen immer mehr Gäste, die zwischen zwei Bädern im Meer den unterschiedlichsten Aktivitäten nachgingen. Eine der Lieblingsbeschäftigung der Sommergäste war der Fischfang, dessen vielfältige Aspekte von Gabriel Désert aufgezeigt werden. Die einen sammelten Muscheln, andere benutzten einen Haken, um Samtkrabben, Krebse oder Meeresspinnen aus ihren Verstecken unter den Steinen oder in Felsspalten hervorzuholen. In der Normandie und in der Bretagne aber erfreute sich die Krabbenfischerei größter Beliebtheit, natürlich zu Fuß: »Dazu benutzte man ein Krabbennetz, das als Kescher, Schieber oder Harke bezeichnet wurde. Das mehr oder weniger große Netz war an einem halbrunden Holzrahmen befestigt, dessen Verlängerung den Griff bildete. Mit diesem Gerät ging der Freizeitfischer vorzugsweise bei Ebbe und Niedrigwasser für ein paar Stunden auf die ›Jagd‹ nach Schalentieren. Die kinderleichte Beschäftigung führte häufig zu einer großen Ausbeute und trug zur Bereicherung des familiären Speisezettels bei.«[6]

Männer-Bademode im ausgehenden 19. Jahrhundert; Lithografie von Albert Chéreau für das Maison de la Belle Jardinièr *(oben).*

Badekarren, um 1910 (links).

Strand und Promenadenpier von Arcachon zu Beginn des 20. Jahrhunderts (unten).

Der Strand als Ort der Entspannung und der Kontemplation wandelte sich zu einem Ort des »Sehen-und-gesehen-Werden«. Badende und Spaziergänger beobachteten, wetteiferten und beurteilten sich gegenseitig. Nach Jacques Chardonne war es allerdings auch 1900 in Royan noch so, dass »die mit dunklen Badeanzügen bekleideten Mädchen nur recht kurze Bäder nahmen, gedrängt von ihren Müttern, die sie mit ausgebreiteten Bademänteln am Ufer ungeduldig erwarteten.«[7] Paul Morand erzählt aus dem Jahre 1917, als er »in Saint-Sébastien Badende in langen schwarzen Seidenstrümpfen beobachtete, die einmal kurz ins Wasser tauchten, wie es

In La Trinité hat man das alte Bootshaus eines Austernzüchters zu einem Ferienhaus umgebaut. Auf der Holzterrasse mit Blick auf die Île de Quéhan stehen eine Teakbank und Liegestühle bereit.

2
3

Im Eingang des kleinen normannischen Hauses steht ein schmiedeeisernes Kinderbett aus der Zeit von Napoleon III.: Verschiedenfarbig gestreifte Stoffe umhüllen die Kissen des Kanapees (folgende Doppelseite).

Eine Schwimmerin vor ihrem Badekarren, um 1910 (oben).

Die Schlafzimmertüren dieses Holzhauses sind den Badekabinen am Strand nachempfunden und wie diese nummeriert (linke Seite).

Maritim gestreiftes Kopfkissen, auf einem Fischernetz drapiert (rechts).

vielleicht 50 Jahre zuvor in Biarritz üblich gewesen war ...«[8] Dessen ungeachtet bestand seit dem frühen 20. Jahrhundert die Tendenz, den Körper immer weniger zu verhüllen. In Deauville klatschte man der »schönen und wagemutigen« Trouhanova Beifall, die »oben ohne« badete. Und 1927 machte das Sonnenbaden der Gabrielle Chanel an der Riviera von sich reden.

Die Liberalisierung der Badesitten rief hier und da aufgebrachte Reaktionen hervor. 1917 etwa protestierte ein Geistlicher in Biarritz gegen tief ausgeschnittene Kleidung. 1919 verbot der Bürgermeister desselben Badeortes das Sonnenbaden, später setzte er sich dafür ein, dass die Badenden am Strand Bademäntel trugen. Der Staatsrat entschied in dieser Sache allerdings zugunsten der Selbstbestimmung ... Der Bürgermeister von Deauville verfügte 1929 in letzter Instanz: »Das Tragen eines Badeanzuges mit Schulterstücken ist beim Baden Pflicht; Badehosen sind verboten.« Derselbe Text untersagt ausdrücklich »das Umkleiden außerhalb der zu diesem Zwecke aufgestellten Kabinen«. Doch diese Bemühungen um Recht und Ordnung verliefen letztlich buchstäblich im Sande. Innerhalb weniger Jahrzehnte bemächtigten sich die Sommergäste der Strände und schufen dort eine eigene Welt mit neuen Gepflogenheiten.

Zur raschen Entwicklung der Seebäder innerhalb weniger Jahrzehnte hat auch die aufkommende »Bade-Infrastruktur« beigetragen. Mitte des 19. Jahrhunderts gaben neu eröffnete Eisenbahnlinien zumindest den betuchten Parisern die Gelegenheit, schnell und bequem an die Küste zu reisen. Die »trains de plaisir« (die Vergnügungszüge) und die der Luxusklasse benötigten von der französischen Hauptstadt nach Dieppe, Deauville, Trouville, Houlgate oder Honfleur knappe sechs Stunden. Eine Reise in die Bretagne, nach Aquitanien und ins Baskenland glich dagegen eher einer Expedition: Die Fahrt mit der

Cats

Eisenbahn von Paris nach Arcachon dauerte im Jahre 1865 gut 20 Stunden. Ans Mittelmeer reiste man ohnehin nur im Winter, doch bis die Riviera in den 1930er-Jahren als »Côte d'Azur« Furore machen konnte, bedurfte es einiger prominenter Gäste wie Colette, die eine Weinlaube in Saint-Tropez kaufte; Dunoyer de Segonzac, der in Estaque zu malen begann; Cézanne, der Renoir, Matisse, Modigliani und Foujita nach Cagnes-sur-Mer einlud.

Ein zufälliges Stillleben: gestapelte Hummerkisten auf einem Anleger in Maine, USA (oben).

Der alte, blaue Fensterladen bildet eine geeignete Kulisse für die Komposition aus Strandgut (unten).

Der Ausbau des Eisenbahnnetzes fiel mit dem Erscheinen der ersten Reiseführer zusammen: Neben dem berühmten Baedeker wäre für Frankreich der »Joanne«, der Vorläufer des Guide Bleu, zu nennen. Diese begleiteten die Stadtbevölkerung auf ihren Reisen und ermutigten sie, kleinere Ortschaften und reizvolles Niemandsland aufzutun, wo dann im Laufe der Jahre die berühmten Badeorte entstanden. Überall an der Küste begann man mit dem Bau von Molen, Bäderbrücken, Kasinos, Luxushotels, Rennbahnen und Golfplätzen. Der Historiker André Rauche[9] erinnert daran, »dass es in Deauville 1861 gerade einmal ein Hotel gab, während man 1900 vier, 1914 zehn und 1827 gar 28 dieser Einrichtungen zählte. Der Golfplatz bei Dieppe wurde 1890 eingeweiht, das Vereinshaus 1897. 1854 ließ die spätere Kaiserin Eugénie eine Villa in Biarritz errichten, 1858 wurde das Kasino gebaut.«

Die meisten Sommergäste stiegen im Strand- oder Badehotel, im »Bellevue«, in einer Pension oder in einem Privatzimmer ab. Wer aber genug Geld besaß, ließ sich einen »Zweitwohnsitz« bauen. In einer sehr ausführlichen Studie[10] untersucht der Architekt Dominique Rouillard die fast brutale Mischung der unterschiedlichsten Baustile in einigen Seebädern am Beispiel von Houlgate. Nach Informationen eines Reiseführers ließ ein gewisser Monsieur Vergniolles dort, wo zuvor ein paar heruntergekommene Fischerhütten standen, 1859 ein Grandhotel errichten, [...] später folgte mit einer Villa sein persönliches Domizil. Danach schossen weitere Bauten im Landhaus- oder »Fantasie«-Stil aus dem Boden. Auf der Bäderbrücke aus dem Jahr 1896 konkur-

Fischerbojen vor einer Hütte in Maine warten darauf, dass es wieder hinaus aufs Meer geht (oben).

Helles, unbehandeltes Holz und englische Möbel bestimmen eine Atmosphäre, die den Spiegel mit seinem aus Strandgut komponierten Rahmen gut zur Geltung bringt (links unten).

Noch ein Rahmen aus zusammengesuchtem Strandgut – gekrönt von einem hölzernen Engelskopf (rechts unten).

ELFE

Die am Strand gesammelten Muscheln finden in der weiß-blauen Steinguttasse und auf der alten Servierplatte aus Quimper eine ebenso ungewöhnliche wie elegante Bleibe (Seite 159).

Im Esszimmer eines Hauses auf der Île de Ré gehen der altersschwache Rettungsring und das moderne Werk der Künstlerin Catherine Lê Van eine neue Verbindung ein (oben).

Gleichklang heller Farben in der Küche einer ehemaligen Fischerhütte am Cap Ferret (linke Seite).

Strandleben um 1935 (unten).

rierten ein Schweizer Chalet mit einem italienischen »Palazzo« und einer Villa in der typischen Bauweise der Normandie. Des Weiteren gab es im Ort ein schwedisches Holzhaus und eine Pagode. Auch Trouville konnte mit einer chinesischen Pagode aufwarten. Das Landhaus von Gourmez de Cabourg war eine Miniatur des Kreml, die ursprünglich für die Weltausstellung von 1889 errichtet worden war.

Andere Architekten verstanden es dagegen, den landestypischen Baustil zu respektieren. Lewicki etwa verbaute den Trouviller Ziegel in Ecken, Fenstereinfassungen und Simsen und verfüllte mit Feuerstein; Maget verwendete für seine drei Villen in Lion-sur-Mer den Backstein Le Havres. Bald gab es in jedem Seebad eine eigene Ziegelei. Die Backsteine fielen farblich durchaus unterschiedlich aus, doch schien man sich weniger um das Aussehen als um die Herkunft des Baumaterials zu scheren. [...] Offensichtlich waren es stets die Ziegel der anderen, möglichst weit entfernten Orte, die das Interesse weckten und den gefürchteten direkten Vergleich ausschlossen.[11]

Der Bau von immer mehr Villen an der See veränderte nicht nur das Erscheinungsbild, sondern auch den Gesamtcharakter der Küstenorte. Um die Sommergäste zu binden und zur regelmäßigen Wiederkehr zu bewegen, bemühten sich die Gemeinden um ein möglichst umfangreiches Spektrum an Freizeitbeschäftigungen. Ab 1902 bot etwa eine namentlich unbekannte Immobiliengesellschaft ein Tagesprogramm mit Unterricht im Tanzen und der Etikette, Spaziergang, Kasperletheater für die Kinder und Sinfoniekonzert oder Theatervorführung. Auch in Deauville sollte sich der mondäne Badegast niemals langweilen: Das Kursangebot begann bereits morgens früh um sechs Uhr, sodass man ausführlich Studien treiben konnte, bevor es zur Rennbahn ging. Danach galt es, Golf zu spielen oder Tauben zu schießen, eine Stippvisite zum Aperitif in der Rue Gontaud-Biron, vergleichbar mit einem Besuch in der Rue de la Paix, zu absolvieren; anschließend weitere Kurse, Besuche zu erhalten oder abzustatten, um endlich zwischen 20 und 21 Uhr, natürlich in Abendgarderobe, beim Dinner im

Die fröhliche Auslage eines Geschäfts für Angel- und Fischereibedarf in Rochefort (oben).

Würdevolle Farbe Weiß: mit Muscheln besetzte Kästchen auf einem niedrigen Tisch aus grob bearbeiteten, weiß getünchten Planken (links außen).

Auf der Leinentischdecke sind bemalte Holzvögel gelandet (links).

Hause von Freunden oder im Kasino zu erscheinen. Hinterher kamen ein Theater- oder Konzertbesuch infrage, man promenierte kurz durch die Spielsäle, nahm ein Souper ein und beendete das Programm gegen zwei Uhr in der Frühe.

In Biarritz, auch »Königin der Strände, Strandbad der Könige« genannt, war das Tagesprogramm ähnlich gedrängt, nur »begann der Tag des mondänen Badegastes etwas später, etwa gegen zehn Uhr«. Wie Doktor Pathault in einem 1927 erschienenen Werk erläutert, verbrachten die Sommergäste eine angeregt angespannte Zeit »voller Verpflichtungen: beim Golf, in den Kasinos, beim Tennis, wo sie manchmal mit den ganz Großen wie Cochet oder Borotra in Berührung kamen, den Kabarett-Vorstellungen, beim Pelota-Spiel mit Weltmeister Chiquito de Cambo, auf den Gala-Abenden, in der Gestaltung der Freizeit wie auf den Wohltätigkeitsbällen. Da galt es die neuen Leinenschuhe mit geflochtener Sohle, den letzten Schrei der Mode, etwa den Smoking und die Baskenmütze eines Jean Patou, zu bewundern, und die in merkwürdige Gewänder gehüllten Körper, die an den antiken Menschen Griechenlands oder Alexandrias erinnerten, am Strand zu betrachten.«[12]

Diese »Gesellschaftsspiele« blieben natürlich der Hautevolee in den vornehmen Seebädern vorbehalten. Das Gros der Badegäste in der Zeit zwischen den beiden Weltkriegen lernte dagegen nebst Ruhe und Entspannung Höhepunkte lediglich in Form von Picknicks und Café-Besuchen kennen. Zwischen zwei Bädern in der See unterhielt man sich, spielte Krocket, wanderte durchs Hinterland oder schlenderte zum Hafen. Dort beobachtete man aus der Ferne die Yachtbesitzer und Segler und sah den Fischern, an die man sich schon etwas näher herantraute, beim Färben der Segel, beim Netze flicken oder beim Leeren der Reusen zu.

Durch das Badeleben von ihren angestammten Plätzen verdrängt und von der Menge nur noch als »Folklore« wahrgenommen, entschlossen sich immer mehr Fischer, ihren Beruf zugunsten anderer Aktivitäten aufzugeben. Sie nahmen für eine Tiede oder einen Tag Touristen an Bord und mit hinaus aufs

Ein paar Napfschnecken-Gehäuse ersetzen die Quaste … (oben)

Das purpurne Druckmuster des englischen Stoffes spiegelt sich in den zu einer extravaganten Komposition zusammengefügten Muscheln und Schnecken des Rahmens wider. (linke Seite)

Auf der Île de Batz ist die muschelbesetzte Figur eine traditionelle Hochzeitsgabe von Brautjungfer und Brautführer an das Brautpaar (unten).

Wasser und führten ihnen vor, wie man Netze auslegt oder mithilfe von Reusen Plattfische fängt. Sie organisierten Tagesausflüge und erzählten aus ihrem Leben oder spannen Seemannsgarn. Einige Seebären gaben die Seefahrt ganz auf und versuchten sich und ihre Familien mit dem Verkauf von Souvenirs durchzubringen, was im Übrigen und nach den Kenntnissen von Jean-Didier Urbain eine altbekannte und oftmals erfolgreiche Unternehmung war: »Bereits Ende des 18. Jahrhunderts entstanden die ersten Geschäfte, in denen mit Kuriositäten gehandelt wurde. 1795 etwa stellte sich die an der Küste ansässige Bevölkerung von Scheveningen, Niederlande, auf den Verkauf von »Muscheln, ausgestopften Fischen, getrockneten Meerespflanzen, kleinen Modellbooten und -schiffen und anderen Objekten, die mit der Seefahrt zu tun hatten, um. Fischer wurden Händler, Kunsthandwerker, gar Künstler [...], Nippes-, Trödel- oder Antiquitätenverkäufer.«[13]

Noch in den 1930er-Jahren fertigten die Fischer auf Anregung der Sommergäste Tintenfässer mit Perlmutt-Intarsien. Die großen Saint-Jacques-Muscheln füllten sie mit Miniaturen von Küstenlandschaften. Außerdem bemalten sie Matrosenfiguren und Leuchttürme aus Ton oder Porzellan. Doch bald wurden derartige Artikel in Fließbandarbeit hergestellt. Nach dem Zweiten Weltkrieg entwickelte sich der Tourismus zu einem Industriezweig, aus den Sommergästen wurden die Urlauber. Und jener Paul Morand, der sich noch schmunzelnd an das Aufsehen erinnert, das er 1917 mit seinem einteiligen, schwarzen, aus England mitgebrachten Badeanzug erregte, kann 1950 »über jene Körper spotten, die wie die Heringe am Strand in der Sonne liegen und an Brathähnchen erinnern.«[14]

Maritim gestalteter Schirmständer unbekannter Herkunft, um 1850 (oben).

Die grob geschnitzten Schwimmer wurden ursprünglich zur Kennzeichnung von ausgelegten Fischernetzen verwandt (unten).

In der Diele eines Ferienhauses in Knokke-Le-Zoute (Belgien): Wer hier lebt, ist offensichtlich dem Geist der Seefahrt nicht abgeneigt. Vorerst allerdings sind die Herrschaften am Strand (rechte Seite).

SAN FRANCISCO
19
47
YOKOHAMA
GONE TO
BEACH

Anmerkungen

Die Eroberung der Meere

1 Brassey, Anne: Eine Segelfahrt um die Welt an Bord der Yacht »Sunbeam«, Leipzig 1879
2 Pelletier, Monique: Les Portulans, in: »A la rencontre de Sindbad: La route maritime de la soie«, Gemeinschaftsausgabe der Musées Nationaux/Musée de la Marine, Paris 1994
3 Bougainville, Louis-Antoine de: Reise um die Welt, Berlin 1972
4 Eco, Umberto: Die Insel des vorigen Tages, München 1998
5 Nach: Randier, Jean: Maritime Antiquitäten, Bielefeld 1993
6 Bellec, François: Naissance de la Compagnie des Indes, in: A la rencontre de Sindbad, a.a.O.
7 Bellec, François: Le Point à la mer, histoire aventureuse d'une science exacte, Neptunia 156, 1984/4
8 Randier, Jean: Maritime Antiquitäten, a.a.O.
9 Cook, James: Die Weltumsegelungsfahrten, Hamburg 1908

Wie auf einem Segelschiff

1 Caron, Claude: Traité des bois à tous usages, Paris 1717
2 In: Wicha, Stephanie: Les bois et la marine entre 1669 und 1715: L'exemple de l'arsenal de Toulon, Diplomarbeit der École des Hautes Études en Sciences Sociales, 1996
3 Merrien, Jean: La Vie des marins au Grand Siècle, Terre des Brume Editions, 1995
4 Aus: Jobé, Joseph (Hg.): Der Segelschiffe große Zeit, Bielefeld 1998
5 Kapitän Mayne-Reid: Les Épaves de l'ocean, Mégard et Compagniem, Libraires-éditeurs, Rouen 1883
6 Viaux-Locquin, Jacqueline: Le Bois ébénisterie dans le mobilier français, Editions Léonce Laget, 1997
7 Las Cases, Emmanuel de: Mémorial de Sainte-Hélène, Editions du Seuil, 1968
8 vgl. Anm. 4
9 vgl. Anm. 4
10 L'Illustration, 15. Dezember 1849
11 Charles, Daniel: La Coupe de l'America, Editions Arthaud, 1986
12 Randier, Jean: La Royale, Editions de la Cité, 1972
13 ebd.
14 Brassey, Anne: Eine Segelfahrt um die Welt an Bord der Yacht »Sunbeam«, Leipzig 1879
15 Daryl, Philippe: Le Yacht, histoire de la navigation maritime de plaisance, Librairies-Imprimeries réunies, 1891
16 Schelcher, Xavier: Croisière du steam-yacht MEDGE en Angleterre, Écosse et Irlande, journal de bord, Manuskript von 1892, mit Zeichnungen des Autors, Bibliothek des Yacht-Club de France

Die Welt der Passagierschiffe

1 Dickens, Charles: Amerika, München 1972
2 In: »The Illustrated London News« vom 25. Mai 1850. Aus: John Adams, Paquebots du monde 1820–1870, EPA éditions, 1994
3 Tillier, Louis und Bonnetain, Paul: Histoire d'un paquebot, Paris, Maison Quantin, 1888
4 Randier, Jean: Maritime Antiquitäten, Bielefeld 1993
5 Waugh, Evelyn: Bagages enregistrés, Editions Quai Voltaire, 1988
6 Brinnin, John Malcolm und Gaulin, Kenneth: Transatlantiques. Style et luxe en mer, Editions Robert Laffont, 1989
7 Vian, Louis-René: Arts décoratifs à bord des paquebots français, Editions Fonmare, 1992
8 Le Corbusier (Jeanneret-Gris, Charles-Edouard): Ausblick auf eine Architektur, Berlin, Frankfurt am Main, Wien 1963
9 Boissière, Olivier: Jean Nouvel, Editions Terrail, 1996
10 Le Corbusier, a.a.O.

Souvenirs von großer Fahrt

1 Bullen, Franck: La Croisière du CACHALOT, Editions Phébus, 1989
2 Franck, Stuart M.: L'art du scrimshaw, in: Le Chasse-Marée Nr. 67, September 1992
3 Melville, Herman: Moby Dick oder der Wal, München 1974
4 vgl. Anm. 1
5 Brassey, Anne: Eine Segelfahrt um die Welt an Bord der Yacht »Sunbeam«, Leipzig 1879
6 Hansen, Hans Jürgen (Hg.): Kunstgeschichte der Seefahrt, Oldenburg, Hamburg 1966
7 Randier, Jean: Nautische Antiquitäten, Bielefeld 1981
8 Groisard, Paul: Mémoires d'un pêcheur islais, in: Le Chasse-Marée Nr. 66, August 1992
9 Boullet, François und Colette: Ex-voto marins, Editions Maritimes et d'Outre-Mer / CELIV, 1986
10 In: Le Modélisme Naval, Sammelband, Le Chasse-Marée / Ar Men, 1994
11 In: Arthur Ollive, Marin et Modéliste, in: Le Chasse-Marée Nr. 63, März 1992
12 vgl. Anm. 7

Am Strand

1 Morand, Paul: Bains de Mer, Editions Arléa, 1990
2 Flaubert, Gustave: Erinnerungen eines Verrückten, Hamburg, München 1965
3 Urbain, Jean-Didier: Sur la plage, Editions Payot & Rivages, 1994
4 Désert, Gabriel: La Vie quotidienne sur les plages normandes, du Second Empire aux années folles, Editions Hachette, 1983
5 Pastoureau, Michel: L'Étoffe du diable, une histoire des rayures et des tissus rayés, Editions du Seuil, 1991
6 vgl. Anm. 4
7 Chardonne, Jacques: Royan, in: Escales, textes inédits réunis et présentés par Jean-Paul Caracalla, Editions de la Table Ronde, 1993
8 vgl. Anm. 1
9 Rauche, André: Vacances en France de 1830 à nos jours, Editions Hachette, 1996
10 Rouillard, Dominique: Le Site balnéaire, Mardaga, Lüttich, 1984
11 vgl. Anm. 10
12 Docteur Pathault, Sud-Ouest Economique, 1927, zitiert in: Architecture de Biarritz et la côte basque de la Belle Epoque aux années 30, Mardaga, Lüttich, 1990
13 vgl. Anm. 3
14 vgl. Anm. 1

Literatur

Adams, John: *Paquebots du monde, 150 ans d'histoire (1820–1870)*, E. P. A. Editions, 1994

Baddeley, Jon: *Nautische Antiquitäten*, Hamburg 1995

Boissière, Olivier: *Jean Nouvel*, Editions Terrail, 1996

Boullet, François und Colette: *Ex-votos marins*, Editions Maritimes et d'Outre-Mer/CELIV, 1986

Bougainville, Louis-Antoine de: *Reise um die Welt*, Berlin 1972

Brassey, Anne: *Eine Segelfahrt um die Welt an Bord der Yacht »Sunbeam«*, Leipzig 1879

Brinnin, John Malcolm und Gaulin, Kenneth: *Transatlantiques. Style et luxe en mer*, Editions Robert Laffont, 1989

Bullen, Franck: *La Croisière du CACHALOT*, Editions Phébus, 1989

Caron, Claude: *Traité des bois à tous usages*, Paris, 1717 (Bibliothèque Forney)

Chardonne, Jacques: *Royan*, in: *Escales, textes inédits réunis et présentés par Jean-Paul Caracalla*, Editions de La Table Ronde, 1993

Charles, Daniel: *La Coupe de l'America*, Editions Arthaud, 1986

Cook, James: *Die Weltumsegelungsfahrten*, Hamburg 1908

Daryl, Philippe: *Le Yacht, histoire de la navigation maritime de plaisance*, Librairies-Imprimeries réunies, 1891

Désert, Gabriel: *La Vie quotidienne sur les plages normandes, du Second Empire aux années folles*, Editions Hachette, 1983

Dickens, Charles: *Amerika*, München 1972

Eco, Umberto: *Die Insel des vorigen Tages*, München 1998

Flaubert, Gustave: *Erinnerungen eines Verrückten*, Hamburg, München 1965

Hansen, Hans Jürgen (Hg.): *Kunstgeschichte der Seefahrt*, Oldenburg, Hamburg 1966

Jobé, Joseph (Hg.): *Der Segelschiffe große Zeit*, Bielefeld 1998

Las Cases, Emmanuel de: *Mémorial de Sainte-Hélène*, Editions du Seuil, 1968

Le Corbusier (Jeanneret-Gris, Charles-Edouard): *Ausblick auf eine Architektur*, Berlin, Frankfurt am Main, Wien 1963

Le Goff, Olivier: *Traumschiffe: Die großen Oceanliner und Kreuzfahrtschiffe*, Hamburg 1999

Kapitän Mayne-Reid: *Les Epaves de l'ocean*, Mégard et Compagnie, Libraires-Editeurs, Rouen 1883

Melville, Herman: *Moby Dick oder der Wal*, München 1974

Merrien, Jean: *La Vie des marins au Grand Siècle*, Terre des Brume Editions, 1995

Morand, Paul: *Bains de Mer*, Editions Arléa, 1990

Pastoureau, Michel: *L'Etoffe du diable, une histoire des rayures et des tissus rayés*, Editions du Seuil, 1991

Pedersen, Peder: *Die große Zeit der Luxus-Liner*, Hamburg 1986

Randier, Jean: *La Royale*, Editions de la Cité, 1972

Randier, Jean: *Maritime Antiquitäten*, Bielefeld 1993

Randier, Jean: *Nautische Antiquitäten*, Bielefeld 1981

Rauche, André: *Vacances en France de 1830 à nos jours*, Editions Hachette, 1996

Rouillard, Dominique: *Le Site balnéaire*, Editions Mardaga, Liège, 1984

Tillier, Louis und Bonnetain, Paul: *Histoire d'un paquebot*, Paris, Maison Quantin, 1888

Urbain, Jean-Didier: *Sur la plage, mœurs et coutumes balnéaires (XIXe–XXe siècle)*, Editions Payot & Rivages, 1994

Vian, Louis-René: *Arts décoratifs à bord des paquebots français*, Editions Fonmare, 1992

Viaux-Locquin, Jacqueline: *Le Bois ébénisterie dans le mobilier français*, Editions Léonce Laget, 1997

Waugh, Evelyn: *Bagages enregistrés*, Editions Quai Voltaire, 1988

Le Modélisme Naval, Sammelband, Le Chasse-Marée/Ar Men, 1994

Ausstellungskatalog

A la rencontre de Sindbad: La route maritime de la soie, Gemeinschaftsausgabe der Musées Nationaux/Musée de la Marine, Paris 1994

Zeitungen und Zeitschriften

L'Illustration
Le Chasse Marée
Neptunia

Bildnachweis

J. Darblay, S. 4–5, 20–21, 47, 50–51, 52 (o.), 62 (o.+u.), 75 (u.), 85, 86 (o.), 93 (re.), 129 (u.), 132–133, 136–137, 145, 149, 150, 158 (u.+li.), 159, 161 (o.). L'Illustration/Sygma, S. 10 (re.), 24 (o.), 34 (u.), 69 (u.), 79 (u.), 95 (o.), 96 (u.). Musée de la Marine/Patrick Dantec, S. 10 (li., o.+u.), 14 (o.+u.), 18, 22 (o., li, u.+re.), 23 (u. +Mi.), 27 (o.+u.), 30 (o.), 32 (Mi.), 33 (o.+u.), 34 (o.), 49 (u.), 61 (Mi.), 96 (re.), 116 (u.), 119, 122 (o.+Mi.), 126 (u.), 141(li.), 162 (o.). ADAGP/Musée de la Marine/Patrick Dantec, S. 69 (li.). Musée de la Marine (Schenkung von M. Edouard Simon-Jazée), S. 126 (Mi.). Musée de la Marine, S. 19 (li.+re.), 24 (u.), 30 (u.), 34 (Mi.), 42 (u.), 76 (o.), 102 (u.), 107 (o., re.+li.), 112 (re.), 125 (o.), 131 (li.). Musée de la Marine/Arnaud Fux, S. 22 (o., re., u.+li.), 23 (o.+li.), 79 (o.), 87. C. Dugied, S. 15, 26, 31, 39 +Schutzumschlag (Rückseite), 41 (o.), 68, 84 (u.), 100–101, 113, 115 (o.+u.), 117, 127, 131 (re.), 134, 139, 154 (u.), 155 (u., li.+re.). J.P. Godeaut, S. 16 (o.), 38 (o.). Photothèque Hachette, S. 16 (u.), 19 (u.), 23 (o.+re.), 32 (o.), 38 (o.), 42 (o.), 55 (u.), 56 (re.), 61 (u.), 72 (o.), 89 (u.), 107 (u.), 109 (o.). J.L. Charmet, S. 56 (li.), 78, 95 (u.), 80 (o.), 126 (o.). Y. Duronsoy, S. 25 (li.), 118, 128 129 (o., li.+re.), 130, 140 (li.). Arcelin, S. 28. Roger-Viollet, S. 30 (u.), 41 (u.), 46 (u.), 55 (li.), 75 (o.), 80 (u.), 81, 86 (u.), 89 (o.), 109 (u.), 122 (u.), 125 (u.), 131 (u.), 135 (o.+u.), 138 (re.+u.), 141 (u.), 148, 151 (o.), 157 (u.). Lipnitzki-Viollet, S. 76 (u.). D. Chavanat, S. 32 (u.), M. Broussard, S. 36–37, 53, 60, 64–65+Schutzumschlag (Rückseite), 146, 147, 151 (u.). J. Dirand, S. 43, 52 (u.), 94, 156. G. Trillard, S. 44–45, 48+Schutzumschlag (Rückseite) 84 (o.), 88, 90–91, 98–99, 157 (o.), 158 (u.+re.). P. Van Robaeys, S. 46 (o.), 61 (o. re.), 63, 74, 104 (u.), 138 (li.), 144. J. Denardaud, S. 54. B. Touillon, S. 57, 58, 154 (o.), 155 (o.). E. Bourgeau, S. 59 (o. re.). J. Verlinde, S. 82–83, 97. G. de Laubier, S. 93 (li.), 140 (o.), 142–143. C. Février, S. 102 (o.), 110–111. J. Laiter, S. 108 (li.), 161 (u.). N. Milne, S. 112 (re., o.+u.). J. M. Palisse, S. 114, 116 (re.), 123, 141 (re.). P. Chevalier, S. 152–153. N. Millet, S. 160. C. Sarramon, S. 163+Schutzumschlag (Rückseite). D. Goudy, Vorsatz. I. Terestchenko, S. 106. E. Chauvin, S. 11, 29, 104–105, 120–121. B. Galeron, S. 8–9, 12, 13, 17, 25 (o., re.+u.), 35, 40, 49 (o.), 59 (u.+li.), 59 (re.), 66–67, 70–71, 72 (u.), 73, 77, 92, 103, 107 (re.), 124, 158 (o.), 162, (u.). René Gruau/Sylvie Nissen, http://rene-gruau.com, S. 87. D. R. S. 114+ Schutzumschlag (Titel).

Danksagung

Der Autor bedankt sich herzlich bei
Jean-Michel Barrault, Marie-Sophie Boutin,
Daniel Charles, Alberto Costa, Sylvie David-Rivérieulx,
Marie-Noëlle Dieutegard, Françoise Fromonot,
Louis-René Vian.

Die französische Originalausgabe mit dem Titel »STYLE MARIN«
erschien 2000 bei Les Editions du Chêne – Hachette Livre.
Text: Francoise de Maulde, Fotos: Maisons Côté Ouest

Die Deutsche Bibliothek – CIP-Einheitsaufnahme

Maulde, Francoise de:
Maritimes Ambiente: Leben wie am Meer/Francoise de Maulde.
[Aus dem Franz. von Christiane Hauert]. –
1. Aufl.– Bielefeld: Delius Klasing, 2001
(Edition Delius)
Einheitssacht.: Style marin <dt.>
ISBN 3-7688-1320-7

1. Auflage
ISBN 3-7688-1320-7
Die Rechte für die deutsche Ausgabe liegen beim
Verlag Delius, Klasing & Co. KG, Bielefeld

Aus dem Französischen von Christiane Hauert
Schutzumschlaggestaltung: Ekkehard Schonart
Printed in Italy 2001

Delius Klasing Verlag, Siekerwall 21, D-33602 Bielefeld
Tel.: 0521/559-0, Fax: 0521/559-113
e-mail: info@delius-klasing.de
www.delius-klasing.de